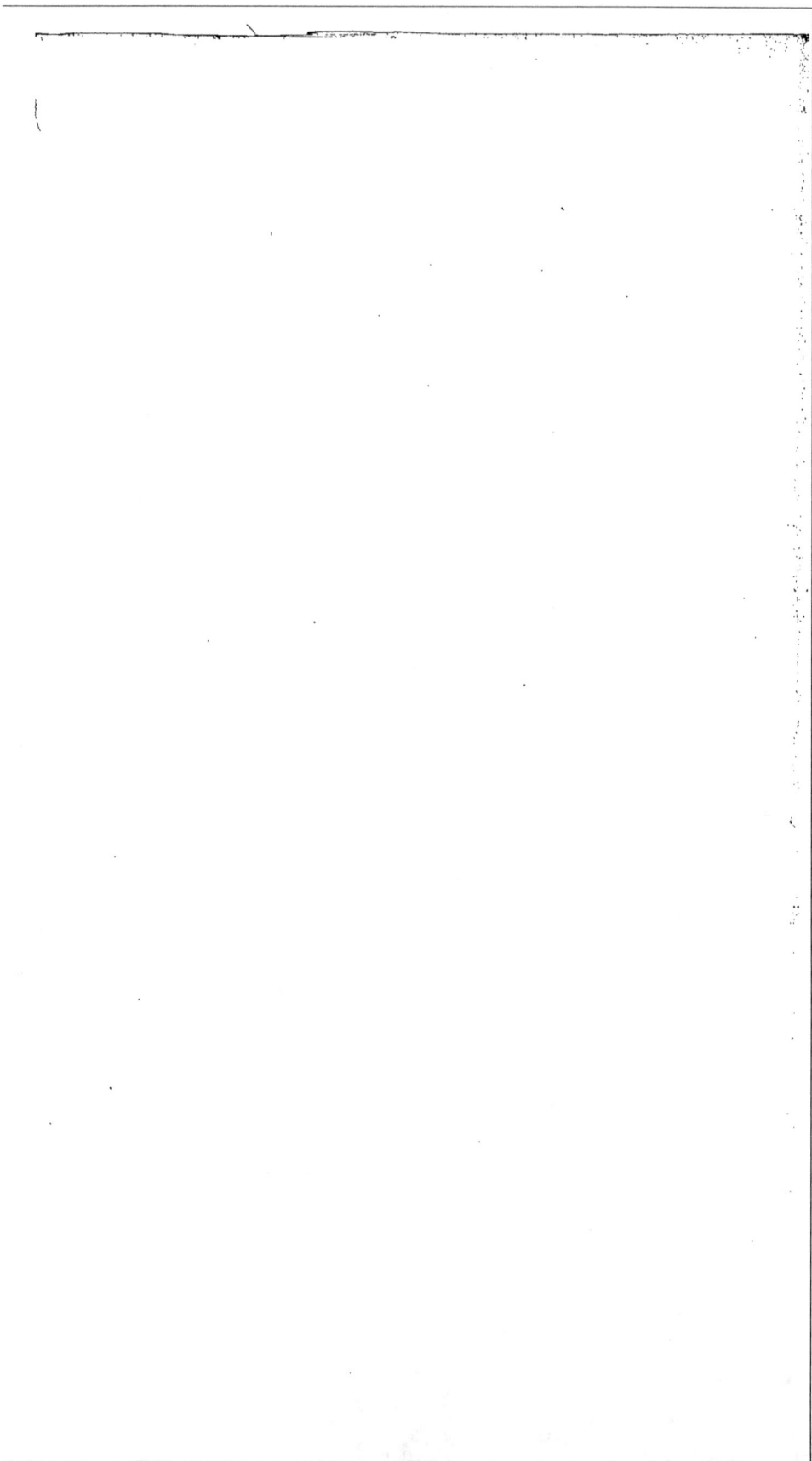

Lb³ 45

X. 1264.
D. 64.

ÉPHÉMÉRIDES

MILITAIRES,

DEPUIS 1792 JUSQU'EN 1815.

Les formalités prescrites ayant été remplies, je poursuivrai les contrefacteurs suivant toute la rigueur des lois.

DE L'IMPRIMERIE DE PILLET.

ÉPHÉMÉRIDES

MILITAIRES,

DEPUIS 1792 JUSQU'EN 1815,

OU

ANNIVERSAIRES DE LA VALEUR FRANÇAISE;

PAR UNE SOCIÉTÉ DE MILITAIRES ET DE GENS DE LETTRES.

Citer les faits, c'est louer les héros.
THOMAS, *Eloges.*

JUILLET.

A PARIS,

CHEZ PILLET, IMPRIMEUR-LIBRAIRE,

ÉDITEUR DE LA COLLECTION DES MŒURS FRANÇAISES,

RUE CHRISTINE, N° 5.

1818.

ÉPHÉMÉRIDES

MILITAIRES,

OU

ANNIVERSAIRES DE LA VALEUR FRANÇAISE.

MOIS DE JUILLET.

Le 1ᵉʳ *juillet* 1793. COMBATS D'ISPÉGUI ET DE BAYGORRY.

LE général Delbecq venait de remplacer, dans le commandement en chef de l'armée des Pyrénées occidentales, le général Servan, qui avait été destitué, arrêté et conduit à Paris. S'apercevant que les Espagnols se préparaient à engager une action, il voulut les prévenir, et le 1ᵉʳ juillet il les fit attaquer dans leur camp retranché d'Ispégui et de Baygorry. Le camp fut emporté, et après avoir perdu quatre pièces de canon et un nombre considérable d'hommes, les Espagnols repassèrent le lendemain la frontière.

Armée des Pyrénées occidentales.

1

Le 1er juillet 1794 (13 *messidor an* 2). PRISE
D'OSTENDE.

Armée du
Nord.

Le général Pichegru ayant reçu, du comité
de salut public, l'ordre de s'emparer d'Ostende, marcha sur cette ville, et se présenta
sous ses murs, le 1er juillet 1794. La garnison
anglaise, effrayée à l'approche de la seule
avant-garde française, évacua la place sans
tirer un seul coup de canon, et s'embarqua à
la hâte. Nos troupes en prirent possession, et
y trouvèrent des magasins considérables en
vivres et munitions.

Le 1er juillet 1794 (13 *messidor an* 2). COM-
BATS DE BRAQUIGNIES ET DU MONT PALIS-
SEL, ET PRISE DE MONS.

Armée de
Sambre-et-
Meuse.

Après la bataille de Fleurus (26 juin), l'armée de Sambre-et-Meuse ayant réparé son artillerie et renouvelé ses munitions, le général
Jourdan prit la résolution de chasser l'ennemi
de Mons, afin de hâter le moment de sa réunion avec Pichegru.

Les 29 et 30 juin, l'armée s'ébranla. Le général Kleber avec sa division, que commandait
le général Duhesme, et celles des généraux Lefebvre, Montaigu et Schérer sous ses ordres,

marcha sur Bintche et Reuss. La division Lefebvre se porta sur Reuss, par les hauteurs en avant de Marimont. Kleber avec le général Duhesme, soutenu de la cavalerie du général Dubois, s'avança sur le front des hauteurs de Braquignies, occupées en force par l'ennemi. En même tems, Montaigu et Schérer marchèrent sur le bois d'Havré, et le général Ferrand (1) s'avança sur Mons avec la garnison de Maubeuge.

Les troupes qui couronnaient les hauteurs de Braquignies tinrent ferme. Kleber fait déployer sa cavalerie et son artillerie. Une canonnade des plus vives est bientôt engagée. L'infanterie, à la tête de laquelle marchent Duhesme et Bernadotte (2), se dispose à charger ; mais l'ennemi abandonne sa position. Il est vivement poursuivi, et le général Lefebvre, continuant son mouvement, arrive à Reuss et en chasse les Autrichiens.

Pendant que ceci se passait sur la droite, les généraux Montaigu et Schérer attaquaient le bois d'Havré et le mont Palissel, défendus par un gros corps d'infanterie et une artillerie formidable. Les généraux se mettent à la tête des troupes ; on bat la charge : le bois est enlevé,

(1) Mort à Saint-Domingue.
(2) Aujourd'hui roi de Suède.

les républicains gravissent le mont Palissel ;
les Autrichiens fuient en désordre sur Ath, et
le général Ferrand entre dans Mons sans rencontrer d'obstacle. Dans le tems que Kleber et
les généraux sous ses ordres battaient l'ennemi,
le général Morlot chassait aussi les Autrichiens
de Senef et contenait le corps posté à Nivelle.

La nuit qui survint ne permit pas de les
poursuivre aussi vivement qu'on l'eût désiré.
Ils laissèrent en notre pouvoir deux pièces de
canon, plusieurs caissons, mille à douze cents
prisonniers et un drapeau.

Le succès des combats de Braquignies et du
mont Palissel, et l'occupation de Mons, forcèrent les alliés à évacuer nos frontières du nord,
et dès-lors nos armées purent assiéger, sans
obstacles, le Quesnoy, Condé, Valenciennes
et Landrecies, et les faire rentrer sous la domination de la république française.

Le 1er juillet 1813. REDDITION DU FORT DE
PANCORBO.

Espagne.   Après la bataille de Vittoria, le général espagnol l'Abisbal assiégea le fort de Pancorbo,
défendu par cinq cents Français. Cette place
n'étant pas tenable, et la retraite de l'armée
ne laissant aucun espoir d'être secourue à la
garnison, elle capitula le 1er juillet.

Le 1er juillet 1815. COMBAT DE ROQUENCOURT,
PRÈS VERSAILLES.

Après la bataille de Mont-Saint-Jean, l'ar-   France.
mée française du nord se retira sous les murs
de Paris. Malgré les pertes qu'elle avait éprou-
vées dans les journées des 16 et 18 juin, s'étant
recrutée des hommes tirés des dépôts de Paris
et des villes voisines, elle était encore forte de
soixante-dix mille combattans. Les gardes na-
tionales, les volontaires des départemens arrivaient chaque jour, et à défaut d'expérience,
apportaient à la défense de la capitale toute
l'ardeur, tout le zèle du patriotisme. Nos armées de la Moselle, du Rhin et des Alpes,
malgré leur infériorité numérique, défendaient
le terrain pied à pied, et successivement se retiraient devant l'ennemi ou s'enfermaient dans
nos places fortes. Malgré ses revers, le courage
de l'armée du Nord n'était point au-dessous
des grandes circonstances dans lesquelles elle
se trouvait. Elle voulait périr pour repousser
l'agression étrangère, et la victoire pouvait
encore l'illustrer sous les murs d'une ville que
naguère ses innombrables triomphes avaient
rendue la capitale de l'Europe.

(1) Moniteur. — Notes et Mémoires manuscrits. communiqués.

Le maréchal Davout, prince d'Eckmühl, en prit le commandement.

L'armée anglo-prussienne, profitant de ses succès, avait laissé derrière elle nos places fortes, et s'était avancée jusque sur la rive droite de la Seine; seule encore, elle menaçait Paris (les Russes et les Autrichiens, précautionneux dans leur marche, étaient à plus de soixante lieues). Plusieurs engagemens avaient eu lieu à nos avant-postes; la brave garde nationale de Paris, dont un détachement avait repris sur l'ennemi le village des Vertus, près Saint-Denis, rivalisait de dévouement avec la troupe de ligne, et prouvait vaillamment que chez les Français il suffit de bien aimer son pays pour posséder toutes les vertus guerrières.

Les Prussiens, moins prudens que les Anglais, se hasardèrent à quitter la rive droite de la Seine, et à passer sur la rive gauche par le pont du Pec, près Saint-Germain, qui, dit-on, leur fut livré; leur cavalerie s'avança jusqu'à Versailles. Cette hardiesse pouvait leur devenir funeste, car tandis qu'ils n'avaient qu'un seul point de passage, maîtres de tous nos mouvemens sur les deux rives, soit par les ponts de Paris, soit par ceux de Neuilly, de Sèvres et de Saint-Cloud, nous pouvions tomber de flanc et de front, avec des forces nombreuses, sur leur corps isolé et dont les communications étaient peu assurées. Cette faute de l'ennemi fut reconnue ; mais le général Excelmans (1) avec sa cavalerie fut le seul qui tenta de l'en faire repentir. Ce général, placé sur la rive gauche de la Seine, occupait Mont-Rouge ; le 1er juillet, il ordonna au général Piré de se porter, du village d'Issy, avec les 1er et 6e de chasseurs que devait soutenir le 44e régiment d'infanterie, par Ville-d'Avray sur Roquencourt, entre Marly et Versailles, et là de s'embusquer à la faveur des bois, afin de couper la retraite de l'ennemi sur Saint-Germain. De sa personne, et avec le reste de son corps de cavalerie, il marcha directement sur Versailles, par la route de Mont-Rouge à Velisy.

A l'embranchement des routes de Bièvre et de Versailles, et près des bois de Verrières, nos troupes rencontrèrent une colonne de cavalerie ennemie, forte de quinze cents chevaux, qui s'avançait rapidement en criant : *Paris! Paris!* La brigade du général Vincent, composée des 15e et 20e de dragons, faisant tête de colonne, soutenue par les 5e de dra-

_____

(1) Porté sur la seconde liste du 24 juillet 1815.

gons et 6ᵉ de hussards, sous les ordres du général Burthe, tomba tête baissée sur les Prussiens, qui ne s'attendaient pas à une aussi brusque attaque. La mêlée fut vive, mais pressés
de front et en flanc, ils se mirent bientôt en
retraite, et toujours poursuivis et sabrés par
notre cavalerie, ils traversèrent Versailles au
galop, et continuèrent leur fuite jusque auprès
de Roquencourt. Là, ils trouvèrent les troupes
du général Piré, qui les attendaient. Les 1ᵉʳ et
6ᵉ de chasseurs, commandés par les colonels
Faudoas et Simoneau, chargèrent impétueuse-
ment cette cavalerie, déjà sérieusement entamée, pendant que le 44ᵉ régiment faisait sur
elle une fusillade à bout portant. De ces quinze
cents cavaliers, mille à onze cents restèrent en
notre pouvoir; et le reste, échappant avec peine
à nos soldats et aux paysans des environs, qui
s'étaient armés et combattaient en tirailleurs,
fut apprendre au général Blucher le danger
qu'il eût couru si le mouvement du général
Excelmans eût été combiné avec d'autres corps
de troupes, qui eussent agi sur les deux rives
de la Seine.

De Roquencourt, le général Excelmans
continua son mouvement sur Saint-Germain; mais ayant trouvé à Louveciennes,
près de Marly, le gros de l'infanterie prus-

sienne, il ne put se soutenir avec des forces trop disproportionnées dans ce pays coupé et boisé, et par conséquent peu propre aux mouvemens de cavalerie ; il fut donc obligé de se retirer sur Mont-Rouge, laissant ainsi les Prussiens s'établir sur la rive gauche de la Seine.

Dans ce combat de Roquencourt, l'un des derniers de la courte et trop malheureuse campagne de 1815, soldats et officiers rivalisèrent d'ardeur et de courage. Parmi ces derniers on remarqua particulièrement les généraux Strolz, Vincent et Burthe ; les colonels Simoneau du 1er de chasseurs, Faudoas du 6e ; Saint-Amand du 5e de dragons, Chaillot du 15e, Briqueville du 20e, et Carignan du 6e de hussards. Le colonel Briqueville, jeune officier de mérite, y fut grièvement blessé de plusieurs coups de sabre.

~~~~~~~~~~~~

Le 2 juillet 1794 (14 *messidor an* 2). Occupation de Tournay.

Après la prise d'Ostende (1er juillet), le général Pichegru prend possession de la ville de Tournay, abandonnée par l'ennemi.

Armée du Nord.
—
Belgique.

Le 2 juillet 1796 (14 *messidor an* 4). Prise
DE LA MONTAGNE DU KNUBIS.

Armée de
Rhin–et–
Moselle.

Après le combat de la Renchen, le général
Gouvion Saint-Cyr détacha le général Laroche
avec la 21ᵉ demi-brigade légère et une partie
du 2ᵉ régiment de chasseurs à cheval, dans le
dessein de remonter la vallée de la Renchen,
de s'emparer de la montagne du Knubis, l'une
des plus hautes des montagnes Noires, et qui
commandait plusieurs défilés. La sommité de
cette montagne, sur laquelle on avait construit
une redoute très-forte avec un réduit casematé,
était défendue par le prince de Wurtemberg
et de nombreuses troupes. Quoique le général
Laroche n'eût pu amener d'artillerie avec lui,
il n'en chassa pas moins l'ennemi des flancs de
la montagne, après une vive résistance. Gra-
vissant alors jusqu'au sommet, et, malgré la nuit
qui était survenue, il ne balança pas à attaquer
la redoute, qu'il escalada avec sa brave infanterie. Ce fut en vain que l'ennemi inonda les
fossés d'une grêle de grenades et de balles, le
général Laroche pénétra dans la redoute, et
s'en empara.

La perte de l'ennemi fut considérable : quatre cents prisonniers, parmi lesquels dix offi-

ciers, deux pièces de canon et deux drapeaux, restèrent en notre pouvoir. »

Le 2 juillet 1796 (14 *messidor an* 4). PASSAGE DU RHIN ET PRISE DE NEUWIED.

L'armée de Sambre-et-Meuse, après le combat d'Uckerath (19 juin), s'était retirée derrière le Rhin. Le général Jourdan, qui la commandait, ayant appris le succès du passage du Rhin par l'armée de Rhin-et-Moselle, se résolut à passer aussi sur la rive droite du fleuve, pour seconder les opérations du général Moreau, et suivre les instructions du directoire. En conséquence, laissant le général Marceau avec un corps de quinze mille hommes bloquer Mayence sur la rive gauche, il ordonna au général Kleber, qui occupait Dusseldorf, de se porter en avant et de passer la Sieg; et de sa personne, avec le centre de l'armée, il se prépara à passer le Rhin de vive force à Neuwied.

Dans la nuit du 1er au 2 juillet, les généraux Championnet, Bernadotte (1) et Poncet réunirent leurs divisions en arrière de Weissenthurn, de Saint-Sébastien et du château de l'électeur. A trois heures du matin, neuf compagnies de grenadiers de la division Championnet, comman-

Armée de Sambre-et-Meuse.

_____

(1) Aujourd'hui roi de Suède.

dées par le général Damas, s'embarquèrent et
abordèrent la rive droite au-dessous de Neuwied, sous la protection des batteries de la rive
gauche, et malgré le feu que l'ennemi dirigea
sur les embarcations. Le chef de bataillon
Chauchard, à la tête de trois compagnies des
grenadiers, entra dans Neuwied au pas de
charge, et s'en empara. S'étant ensuite réuni
au chef de bataillon Maréchal, qui en commandait un pareil nombre, ces deux braves tombèrent brusquement sur la redoute qui appuyait
la droite des Autrichiens, en avant de Heddersdorf, et l'enlevèrent d'assaut. Pendant ce
tems le chef de bataillon Winten marchait à
la tête des trois autres compagnies de grenadiers sur Heddersdorf, et s'en rendait maître.

Un second débarquement ayant amené au
général Damas un renfort de quelques compagnies d'infanterie, d'un escadron de cavalerie
et de deux pièces d'artillerie légère, à la tête
de sa faible colonne, il déboucha de Heddersdorf, culbuta les impériaux et s'avança sur la
Saynbach pour protéger l'attaque du général
Bernadotte.

En même tems que le général Damas s'em-
barquait, quatre cents grenadiers de la division Bernadotte, commandés par l'adjudant-
général Mireur, passaient aussi sur la rive

droite vis-à-vis Bendorf, et sous le feu d'une redoute établie en avant de ce village. Mireur divise sa petite troupe en trois colonnes commandées par les capitaines Maison (1) et Maurin, et marche sur Bendorf. En moins de dix minutes le village et la redoute sont enlevés, et le bataillon qui les défendait est mis en fuite.

Revenus de leur première terreur, les Autrichiens revinrent avec des forces considérables, et essayèrent de culbuter les Français; mais ce fut en vain. Après un combat opiniâtre, de nouvelles troupes débarquant successivement, l'ennemi prit le parti de la retraite et laissa en notre pouvoir quatre cents prisonniers, deux pièces de canon et beaucoup de bagages. Le pont ayant été établi vers dix heures du matin, par les soins du capitaine d'artillerie Tirlet (2), le centre de l'armée de Sambre-et-Meuse défila en entier et prit position sur la rive droite du Rhin.

Le 2 juillet 1798 (*14 messidor an* 6). DÉBARQUEMENT EN ÉGYPTE ET PRISE D'ALEXANDRIE.

Après la prise de Malte (13 juin), l'armée   Egypte.

(1) Aujourd'hui lieutenant-général et gouverneur de la 8ᵉ division militaire.

(2) Aujourd'hui lieutenant-général.

française mit à la voile et continua sa route directement vers l'est. L'amiral anglais Saint-Vincent, qui bloquait le port de Cadix avec vingt-quatre vaisseaux de ligne, ayant été instruit par son gouvernement des projets de la France, détacha l'amiral Nelson avec treize vaisseaux de ligne et un brick, afin de poursuivre la flotte française et de s'attacher surtout à détruire le convoi. Nelson entra donc dans la Méditerranée, mais n'arriva devant Toulon que quinze jours après que la flotte en était partie. Il côtoya la rivière de Gênes et l'Italie jusqu'à Naples, où il apprit enfin que les Français, après s'être emparés de Malte, se dirigeaient sur l'Egypte. L'amiral anglais, ne se croyant pas en état d'attaquer son ennemi, résolut d'arriver avant lui en Egypte, afin d'en prévenir les habitans et de multiplier, par tous les moyens, les obstacles que les Français devaient trouver dans leur débarquement. Sachant donc qu'ils suivaient la direction de l'est, il prit lui-même une direction perpendiculaire, longea la côte de Barbarie, et arriva à Alexandrie le 27 juin. Il envoya aussitôt un avis au commandant turc, pour lui faire connaître le danger qui le menaçait, et demanda en même tems de le laisser entrer dans le port pour faire eau et vivres, lui promettant d'unir ses forces à celles des Turcs pour combattre les Français.

Les habitans, prévenus depuis quelques jours par des bâtimens de commerce, prirent l'alarme à la vue de l'escadre anglaise, et crurent que c'était la flotte française qui, pour les tromper, prenait le pavillon anglais. Ils regardèrent la demande qui leur était faite comme une ruse de guerre, et ils refusèrent eau, vivres et l'entrée du port. Nelson ayant manqué ainsi son but, et cependant voulant éviter un combat en pleine mer avec la flotte française, prit la résolution de s'éloigner afin d'attendre que l'armée de terre, dont le nom seul amortissait le courage de ses marins, fût débarquée, pour n'avoir ensuite affaire qu'à l'armée navale, qui ne lui inspirait pas les mêmes craintes. Il partit donc d'Alexandrie le 30 juin, et se dirigea sur Alexandrette.

L'armée française parut devant Alexandrie le 1er juillet, à la pointe du jour. Le général en chef ayant envoyé chercher le consul français, apprit de lui l'apparition de l'escadre anglaise, et craignant à tout instant de la voir reparaître, il ordonna le débarquement, qui s'effectua malgré une mer très-houleuse, à une lieue et demie de la ville, près du Marâbouth. Au moment où le général Bonaparte touchait terre, on signala comme ennemi un bâtiment qui paraissait à l'ouest ; dans un moment d'inquiétude il s'écria : *Fortune, m'abandonnerais-tu ? encore quatre jours, et tout est sauvé !* Mais ses craintes cessèrent bientôt, lorsqu'on reconnut que ce bâtiment était la frégate *la Justice*, qui arrivait de Malte.

Le débarquement s'effectua sans obstacles, et nos troupes ne furent inquiétées que par quelques Bédouins qui, rôdant autour de nos pelotons, pillaient et massacraient tout ce qui s'écartait du corps d'armée. Le 2 juillet, à la pointe du jour, les troupes déjà débarquées se portèrent sur Alexandrie en trois colonnes. La division du général Bon tenait la droite, celle de Kléber le centre, et la division Menou la gauche. Le général de brigade Marmont(1) de la division Bon, avec la 4ᵉ demi-brigade légère, attaqua la porte de Rosette, par où il entra dans l'enceinte de la ville des Arabes, après l'avoir enfoncée à coups de hache. La division conduite par Kléber monta à l'assaut presqu'en face de la colonne de Pompée, et pénétra dans la ville. Ce général y fut blessé dangereusement d'une balle à la tête, et marqua

(1) Aujourd'hui maréchal de France, duc de Raguse.

ainsi de son sang ses premiers pas sur une terre où il devait périr deux ans après. Le général Menou, qui avait attaqué le château triangulaire situé sur le bord du Port-Vieux, entra également dans la place, où il fut blessé d'un coup de feu à la cuisse. Chassé de l'enceinte des Arabes, l'ennemi se retira dans la nouvelle ville et dans le phare. Chaque maison était pour lui une citadelle, d'où il nous tuait beaucoup de monde ; mais enfin, avant la fin de la journée, les troupes turques renfermées dans les forts ayant capitulé, la ville se rendit à discrétion, et la tranquillité se rétablit.

Au moment même de son arrivée devant Alexandrie, le général Bonaparte avait fait remettre aux autorités de la ville une lettre pour le pacha du Kaire, dans laquelle il lui disait « que le directoire exécutif de la répu-
» blique française avait plusieurs fois réclamé
» de la Sublime-Porte le châtiment des beys
» de Mamloucks, qui accablaient d'avanies les
» commerçans français ; que la Sublime-Porte
» ayant répondu que non-seulement elle n'au-
» torisait pas dans leurs injustices les beys,
» gens capricieux et avides, mais qu'encore
» elle leur retirait sa protection, la république
» française s'était décidée à envoyer une puis-

2

» sante armée pour mettre fin au brigandage
» des beys d'Egypte ; qu'elle ne venait point
» pour porter aucune atteinte au Korán ni
» aux droits du sultan; et qu'elle l'engageait, lui
» pacha, à faire cause commune avec elle con-
» tre les ennemis de la Sublime-Porte et des
» Français. »

Le lendemain de la prise d'Alexandrie, il
rétablit dans ses fonctions le gouverneur turc
de cette ville, après lui avoir fait prêter serment de fidélité à la république française, et il
fit publier la proclamation suivante :

Depuis trop long-tems les beys qui gouvernent l'E-
gypte insultent à la nation française, et couvrent les né-
gocians d'avanies ; l'heure de leur châtiment est arrivée.

Depuis trop long-tems ce ramassis d'esclaves achetés
dans le Caucase et la Géorgie (1) tyrannise la plus belle
partie du monde ; mais Dieu, de qui tout dépend, a
ordonné que leur empire finît.

Peuples de l'Egypte, on vous dira que je viens pour
détruire la religion, ne le croyez pas ; répondez que
je viens vous restituer vos droits, punir les usurpateurs,
et que je respecte, plus que les Mamloucks, Dieu, son
prophète et le Koran.

Dites-leur que tous les hommes sont égaux devant
Dieu : la sagesse, les talens et les vertus mettent seuls
de la différence entre eux.

(1) Voyez, sur l'origine des Mamloucks, *les Ephémérides*
d'avril, tableau du 2, page 6.

Or quelle sagesse, quels talens, quelles vertus distinguent les Mamloucks, pour qu'ils aient exclusivement
tout ce qui rend la vie aimable et douce?

Y a-t-il une belle terre? elle appartient aux Mamloucks. Y a-t-il une belle esclave, un beau cheval, une
belle maison? tout cela appartient aux Mamloucks.

Si l'Egypte est leur ferme, qu'ils montrent le bail que
Dieu leur a fait; mais Dieu est juste et miséricordieux
pour le peuple. Tous les Egyptiens sont appelés à gérer
toutes les places. Que les plus sages, les plus instruits,
les plus vertueux gouvernent, et le peuple sera heureux.

Il y avait jadis, parmi vous, de grandes villes, de
grands canaux, un grand commerce. Qui a tout détruit,
si ce n'est l'avarice, les injustices et la tyrannie des
Mamloucks.

Qadhys, Cheikhs, Imans, Chorbadgys, dites au
peuple que nous sommes aussi de vrais musulmans.
N'est-ce pas nous qui avons détruit le pape, qui disait
qu'il fallait faire la guerre aux musulmans? N'est-ce
pas nous qui avons été, dans tous les tems, les amis
du grand-seigneur (que Dieu accomplisse ses desseins.)
et l'ennemi de ses ennemis? Les Mamloucks, au contraire, ne se sont-ils pas toujours révoltés contre l'autorité du grand-seigneur, qu'ils méconnaissent encore?
ils ne font que leurs caprices.

Trois fois heureux ceux qui seront avec nous! ils
prospèreront dans leur fortune et leur rang! Heureux
ceux qui seront neutres; ils auront le tems de nous connaître, et ils se rangeront avec nous.

Mais malheur, trois fois malheur à ceux qui s'arme-
ront pour les Mamloucks et combattront contre nous;
il n'y aura pas d'espérance pour eux; *ils périront!*

Le 2 juillet 1815. COMBAT DE SÈVRES, PRÈS
SAINT-CLOUD.

France.   · Après le combat de Roquencourt (1er juillet), les Prussiens étant rentrés dans Versailles
marchèrent sur Paris. Le corps du général Zie-
then se porta sur Sèvres et Saint-Cloud, afin
d'y tenter le passage de la Seine et d'arriver
ensuite sans obstacles jusqu'aux barrières.

Le colonel de Carrion-Nisas, officier aussi
distingué par ses écrits littéraires que par ses
connaissances militaires, avait été chargé de la
défense des ponts de Sèvres et de Saint-Cloud,
ayant sous ses ordres le 2e régiment d'infanterie de ligne, commandé par le colonel Trip,
et plusieurs détachemens, parmi lesquels un
de lanciers polonais; le tout formant un total
de trois mille hommes. S'apercevant, par les
mouvemens de l'ennemi, que son projet était
de diriger sa véritable attaque sur le pont de
Sèvres, dont deux arches avaient été rompues,
le colonel Carrion-Nisas se prépara à le bien
recevoir.

Le 2 juillet, sur les onze heures du matin,
l'ennemi ayant établi trois batteries, l'une sur
les hauteurs de Saint-Cloud, battant les deux
ponts de Sèvres, l'autre à la maison Coislin,
enfilant la grande route de Paris, et la troi-

sième sur les hauteurs de Bellevue, prenant en
écharpe l'île Seguin, l'affaire s'engagea par une
fusillade très-vive et une forte canonnade.

Les Prussiens, qui occupaient les positions
en amphithéâtre de la rive gauche, bonnes pour
la défensive, perdaient tout leur avantage dès
qu'ils s'approchaient de la rivière, soit pour
s'engager sur les ponts, soit pour entrer dans
les bateaux. Nos troupes, à l'abri de quelques
mouvemens du terrain, des bois de l'île, des
maisons et des murailles d'enclos, qui avaient
été crénelées, faisaient sur eux un feu très-
meurtrier lorsque, pour tenter le passage, ils
sortaient des maisons et débouchaient à découvert des rues de Sèvres.

Trompé par les abattis placés à dessein sur
le pont de pierre, l'ennemi s'y engagea, croyant
qu'il n'avait point été coupé, et lorsqu'il eut
reconnu sa méprise, il essuya de grandes pertes pour se dégager des obstacles qui encom-
braient ce défilé.

Le combat se soutint dans les mêmes positions, et avec la même vivacité, jusqu'à dix
heures du soir, où il cessa de part et d'autre.

Vers les huit heures, les tirailleurs du général Vandamme, venant de Vanvres et d'Issy,
s'étaient avancés par la rive gauche afin de

faire diversion à l'attaque de Sèvres, et avaient harcelé l'ennemi sur son flanc et sur ses derrières. A dix heures, le feu était également éteint sur ce point.

Le lendemain 3 juillet, les Prussiens recommençaient de faibles attaques sur les ponts de Sèvres, lorsque l'armistice, conclu ce jour même, fit cesser les hostilités.

Dans ce combat, où l'ennemi avait attaqué avec dix mille hommes, il en perdit près de quinze cents, la nôtre ne s'éleva pas au-delà de cent cinquante tués ou blessés.

Un bon citoyen, M. Colasse, marchand de bois et de fer près du pont, eut sa maison écrasée par l'artillerie ennemie, et s'exposant lui-même au danger pendant toute la journée, il ne cessa de prodiguer des secours et ses soins à tous nos blessés.

Le colonel de Carrion-Nisas, en rendant compte de cette action, et faisant l'éloge de la bravoure des troupes sous son commandement, termine ainsi son rapport : « Nous » avons eu trente-deux morts. J'envie leur » destinée : ils sont morts pour l'indépendance » nationale. »

Le 3 juillet 1793. PRISE DE CHATILLON.

Le général Westerman, avec trois mille républicains, attaque, près de Châtillon, six mille
Vendéens commandés par Lescure et Laroche-
Jaquelein. Après un combat opiniâtre, les Vendéens sont défaits et mis en fuite, et Westerman entre dans Châtillon, où il délivre un
grand nombre de prisonniers républicains.

Le 3 juillet 1794 (15 *messidor an* 2). COM-
BATS DE HOCHSTEDT, DE FREYBACH ET DE
HAMBACH.

Depuis deux mois l'armée du Rhin, commandée par le généra' Michaud, trop faible
pour agir hostilement contre l'armée prussienne, se tenait sur la défensive, et n'étant
point inquiétée par l'ennemi, qui, quoique
bien supérieur en nombre, n'osait l'attaquer,
elle était restée dans ses mêmes positions. Cependant le 1er juillet, ayant reçu de l'armée de
la Moselle un renfort de dix mille hommes, le
général Michaud résolut de prendre l'offensive. Le 3 juillet il se porta sur les postes prussiens, entre Landau et Spire ; ceux-ci, attaqués
à l'improviste, furent égorgés, et le gros de
l'armée fut obligé de se retirer sur tous les

Vendée.

Armée du
Rhin.

points, après avoir perdu un général, quatre
cents tués, et beaucoup de blessés, de prisonniers et plusieurs pièces de canon.

Le 3 juillet 1795 (15 *messidor an* 3). COM-
BATS DE SAN-BERNARDO ET DE VIOSENA.

Armée
l'Italie.

Les austro-sardes attaquent le 3 juillet le
camp de San-Bernardo et le poste de Viosena
dans les Alpes. Après avoir éprouvé une perte
considérable, ils sont contraints à se retirer.

Espagne.

Le 3 juillet 1808. Le général Caulincourt
s'empare de Cuença, après en avoir chassé les
Espagnols.

Le 3 juillet 1809. COMBAT ET PRISE DE SAINT-
FELIN DE QUIXOLS.

Espagne.

Le général Gouvion Saint-Cyr (1) fit attaquer le 3 juillet, par le général Pino, commandant une division italienne du 7ᵉ corps d'armée,
Saint-Felin de Quixols. Les Espagnols se défendirent avec opiniâtreté sur les hauteurs de
la ville; mais ils n'en furent pas moins culbutés
et mis en fuite. Ils perdirent, dans cette journée, deux cents hommes et sept pièces de
canon.

(1) Aujourd'hui maréchal, pair et ministre de la guerre.

Le 3 juillet 1812. COMBAT DE SVENTZIANY.

Après que l'armée française fut entrée à Wilna, le roi de Naples, poursuivant le corps du général Barclay de Tolly qui se repliait sur la Dwina, atteignit son arrière-garde à Sventziany, et la força à se retirer avec tant de précipitation, qu'un escadron de hulans polonais, au service de Russie, qui revenait d'une reconnaissance, tomba dans nos postes, croyant y trouver encore les siens. Il fut chargé par le 12e de chasseurs, et entièrement pris ou tué.

Grande
armée.
—
Russie.

Le 3 juillet 1815. ARMISTICE ENTRE L'ARMÉE FRANÇAISE ET LES ARMÉES ANGLAISE ET PRUSSIENNE (1).

Après les combats de Roquencourt et de Sèvres (1er et 2 juillet), M. le baron Bignon, chargé du portefeuille des affaires étrangères ; M. le lieutenant-général Guilleminot, chef d'état-major de l'armée française, et M. le comte de Bondy, préfet du département de la Seine ; chargés des pleins pouvoirs de M. le maréchal Davout, prince d'Eckmühl, commandant en chef l'armée, négocièrent une suspension d'armes avec lord Wellington et le général Blu-

France.

(1) Rapports officiels et Moniteur.

cher, commandant les armées anglaise et prussienne. Elle fut conclue le 3 juillet.

Les divers articles portaient que l'armée évacuerait Paris sous trois jours, et que sous huit elle se serait retirée derrière la Loire. Elle devait amener avec elle tout son matériel, artillerie de campagne, convois militaires, chevaux et propriétés des régimens, sans aucune exception. Le 4 à midi, Saint-Denis, Saint-Ouen, Clichy et Neuilly devaient être remis aux alliés; Montmartre, le 5 à la même heure, et toutes les barrières de Paris, le 6.

Les commandans des armées anglaise et prussienne s'engageaient à respecter et à faire respecter, par leurs subordonnés, les autorités alors établies, tant qu'elles existeraient; les propriétés publiques, soit qu'elles appartinssent au gouvernement, soit qu'elles dépendissent de l'administration municipale, devaient être aussi respectées, et les puissances alliées ne devaient intervenir en aucune manière dans leur gestion. Devaient être pareillement respectées les personnes et les propriétés particulières, et chaque individu continuer à jouir de ses droits et libertés, sans pouvoir être inquiété ni recherché en rien, relativement aux fonctions qu'il occupait ou aurait occu-

pées., à sa conduite et à ses opinions poli-
tiques.

En cas de rupture, l'armistice devait être
dénoncé dans les formes usitées, et dix jours à
l'avance.

S'il survenait des difficultés sur l'exécution
des articles convenus, l'interprétation devait
être faite en faveur de l'armée française et de
la ville de Paris.

La convention était déclarée commune à
toutes les armées alliées.

L'armée française et la ville de Paris exécu-
tèrent pleinement et ponctuellement toutes les
conditions de l'armistice (1).

(1) On lit dans le Moniteur et dans tous les journaux du
tems (20 et 21 novembre 1815) :

« Le maréchal Ney a adressé aux ministres des puissances
alliées une lettre où il réclame à son égard l'exécution de la
convention du 3 juillet, conclue pour la reddition de Paris,
et par laquelle il était stipulé une amnistie pour tous les
actes postérieurs au 20 mars. Mme la maréchale Ney a eu, au
sujet de cette réclamation, avec le duc de Wellington, une
conférence où Sa Seigneurie a exposé que la convention ré-
clamée par le maréchal n'avait point été ratifiée par le Roi
de France, et qu'en conséquence ses alliés ne pouvaient intervenir dans les mesures que S. M. croyait devoir prendre. »

Chacun connaît la spoliation du Musée, la tentative pour
miner et faire sauter le pont d'Iéna, etc., etc., etc., etc.

Le 4 juillet 1796 (16 *messidor an* 2). COMBAT
DE WILDENDORF.

Armée
de
Sambre-et-
Meuse.

Le surlendemain du passage du Rhin (2 juillet), le général Lefebvre ayant rencontré le général Kray, dans une position retranchée en arrière du village de Wildendorf, l'attaqua vers midi. Au signal donné, les colonnes françaises marchent à l'ennemi, gravissent les hauteurs, franchissent les abattis, tournent les retranchemens et mettent en déroute l'infanterie qui les défendait. Cependant le général Kray les rallie et fait avancer sa cavalerie et son artillerie pour protéger sa retraite. Les Français sont momentanément arrêtés ; mais notre artillerie légère ayant mis le désordre parmi les escadrons ennemis, et les 1er et 9e régimens de chasseurs à cheval les ayant chargés vigoureusement, ils furent contraints à la retraite. La nuit déroba au général Lefebvre le fruit de l'action qu'il avait si bien conduite ; néanmoins il fit six cents prisonniers, parmi lesquels on comptait huit officiers.

Le 4 juillet 1796 (16 *messidor an* 4). COMBATS DE FREUDENSTADT ET D'OSS.

Armée de
Rhin-et-Moselle.

Le général Gouvion Saint-Cyr, comman-

dant le centre de l'armée de Rhin-et-Moselle,
fit attaquer, le 4 juillet, l'ennemi dans sa position de Freudenstadt, où il s'était retiré après
la prise du mont Knubis (2 juillet) par le
même général Laroche, qui l'en avait chassé.
Après la résistance la plus opiniâtre, la position fut enlevée. Les pluies continuelles avaient
gâté les armes de nos troupes, elles ne pouvaient plus faire feu : la baïonnette étant donc
devenue leur seule ressource, elles s'en servi-
rent avec le succès ordinaire, et l'ennemi fut
enfoncé ; il perdit dans cette affaire un grand
nombre de tués et cent prisonniers.

Le même jour, le général Desaix, commandant l'aile gauche, fit attaquer les Autrichiens
par le général Sainte-Suzanne, dans la position qu'ils occupaient derrière la rivière d'Olbach, sur les hauteurs du village d'Oss. Ce général, trouvant la position ennemie presque
inabordable de front, en fit tourner la gauche
par la montagne, pendant qu'on attaquait le
village d'Oss. Cette manœuvre réussit et força
les Autrichiens à la retraite. Une centaine de
prisonniers restèrent en notre pouvoir.

L'aile droite avait aussi poussé devant elle
les avant-postes ennemis ; l'armée autrichienne
paraissait prendre des positions plus concen-

trées, et semblait vouloir engager une affaire
générale; la fatigue de nos troupes et la nuit
qui approchait firent remettre au lendemain
une attaque plus sérieuse.

Le 4 juillet 1799 (16 *messidor an* 7). COMBAT
DE RENCHEN ET D'APPENWEYER.

Armée
du Rhin.

Le général Massena faisait en Suisse une
guerre active, difficile et savante, devant l'archiduc Charles, dont l'armée était bien supé-
rieure en nombre à l'armée française. Il fit attaquer, le 4 juillet, l'ennemi posté à Renchen
et Appenweyer. Les Français, après un combat sanglant, le repoussèrent jusqu'à Oberkirch.

Le 5 juillet 1793. REPRISE DE CHATILLON.

Vendée.

Lescure et Laroche-Jaquelein ayant été ren-
forcés du corps de Bonchamps, reprennent
Châtillon, dont ils avaient été chassés le 3, et
obligent Westerman à se retirer.

Le 5 juillet 1794 (17 *messidor an* 2). OCCU-
PATION DE GAND ET D'OUDENARDE.

Armée du
Nord.

Après la prise d'Ostende et de Tournay (1er
et 2 juillet), le général Pichegru marchant sur

Bruxelles prit possession des villes de Gand et d'Oudenarde, que l'ennemi avait évacuées.

Le 5 juillet 1795 (17 *messidor an* 3). COMBAT DU COL DE TERME.

Armée d'Italie.

Les austro-sardes attaquent les Français dans leurs camps du col de Terme et du col de l'Inferno. Après un combat long et meurtrier, l'ennemi fut obligé à renoncer à ses projets, et se retira dans sa position primitive.

Le 5 juillet 1796 (17 *messidor an* 4). COMBAT DE LA BOCHETTA DI CAMPION.

Armée d'Italie.

Pendant que le général Bonaparte apaisait les troubles de l'Italie, traitait avec le roi de Naples et le pape, et faisait bloquer Mantoue par le général Serrurier, il avait envoyé les généraux Massena et Joubert pour observer et contenir les Autrichiens, qui s'étaient retirés au débouché des montagnes du Tirol.

Le 5 juillet, Massena voulant déposter l'ennemi de la position de la Bochetta di Campion, dans laquelle il s'était fortement retranché, en donna l'ordre au général Joubert. Pendant qu'une partie des troupes de ce général attaquaient de front, le chef de bataillon Marchand (1) tournait l'ennemi par la droite, et

(1) Aujourd'hui lieutenant-général.

le chef de bataillon Recco par la gauche. L'arme au bras ou sur l'épaule, et sans tirer un coup de fusil, nos braves soldats gravirent les rochers les plus escarpés, tuèrent trois cents hommes, firent près de trois cents prisonniers, et chassèrent les Autrichiens de leurs positions.

Dans ce brillant combat on remarqua, parmi les actions d'éclat qui eurent lieu, celle du carabinier Gérin, de la 11ᵉ demi-brigade légère, qui, couchant en joue douze Autrichiens, et son fusil ayant raté, tombe sur eux à coups de sabre, coupe le bras à l'un d'entre eux, en blesse plusieurs, et force le reste à tomber à genoux et à se rendre.

Le 5 juillet 1796 (17 *messidor an* 4). BATAILLE
DE RASTADT.

Armée de
Rhin-et-Mo-
selle.

Après les combats du mont Knubis, de Freudenstadt et d'Oss (2 et 4 juillet), l'armée autrichienne prit position derrière la Murg, la droite à Rastadt, la gauche à Rotensohle, ayant un corps de flanqueurs à Gersbach, et une forte avant-garde qui occupait les bois de Rastadt et les hauteurs le long de la Murg, afin de déboucher plus facilement, lorsqu'elle recevrait les renforts que lui amenait l'archiduc Charles. Ce prince avait laissé le général Vartensleben devant l'armée de Sambre-et-Meuse, et accourait au secours du général Latour, repoussé par l'armée de Rhin-et-Moselle.

Le général Moreau, qui depuis le passage du Rhin n'avait fait que tâtonner l'ennemi, se décida ici à l'attaquer sérieusement ; mais sentant que sa position présentait trop de difficultés pour être facilement attaquée de front, il résolut préalablement de s'emparer de Gersbach, afin de pouvoir ensuite déborder sa gauche.

En conséquence le 5 juillet, à cinq heures du matin, la division du général Taponnier, qui faisait partie du corps du centre aux ordres du général Saint-Cyr, attaqua ce poste avec une extrême valeur, et l'emporta après une forte résistance. Le général Lecourbe poursuivit l'ennemi jusqu'à Ottenau, et lui prit une centaine d'hommes et deux pièces de canon.

Alors la brigade de droite de notre aile gauche, que commandait l'adjudant-général Decaen, dans le dessein de chasser l'ennemi de Kuppenheim, et de le rejeter au-delà de la Murg, commença son attaque. La 10ᵉ demi-brigade légère et un bataillon de la 10ᵉ de ligne marchèrent sur les hauteurs qu'occupaient les impériaux, tandis que l'adjudant-général De-

caen attaqua lui-même le bourg de Kuppenheim. Ces dispositions, secondées par le général Lecourbe, eurent le plus heureux succès. Après trois heures d'un combat opiniâtre,
les grenadiers hongrois et autrichiens qui défendaient ces postes cédèrent à nos baïonnettes, abandonnèrent Kuppenheim et repassèrent
la Murg. Nous fîmes sur ce point trois cents
prisonniers.

A quatre heures après midi, la seconde brigade de la première division de notre aile gauche, aux ordres de Sainte-Suzanne, déboucha
du bois de Sandwihr avec notre première ligne
de cavalerie; la seconde division, aux ordres
du général Delmas, qui devait paraître en
même tems, ayant éprouvé dans sa marche
quelques obstacles occasionnés par les difficultés du terrain, ne déboucha pas aussitôt que
celle de Sainte-Suzanne, et fut cause que l'ennemi, n'ayant rien en opposition de sa droite,
dirigea toute son artillerie sur celle-ci. Prise
ainsi à-la-fois de front, en écharpe et en flanc,
nos troupes eurent beaucoup de peine à se former et furent très-maltraitées. Ce fut dans ce
moment critique que l'adjudant-général Bella-
vène (1), employant tous ses efforts pour ré-

(1) Depuis général de brigade et gouverneur de l'école
militaire de Fontainebleau; aujourd'hui en retraite.

tablir l'ordre parmi ses troupes, fut atteint d'un boulet qui lui enleva la jambe. La division Delmas arrive enfin ; le feu de son artillerie fait une diversion favorable : elle dégage les troupes de Sainte-Suzanne, et rétablit l'égalité du combat. La 62ᵉ demi - brigade, sous les ordres du général Joba, après deux heures d'une défense vigoureuse, force le passage de l'Olbach, emporte le village de Nider-Bihel, et s'empare du bois de Rastadt. Dès-lors le général Latour ordonna la retraite, et les Autrichiens l'effectuèrent en ordre par Rastadt et les gués de la Murg, protégés par une nombreuse artillerie disposée d'avance sur l'autre rive.

Cependant les Autrichiens, pour ne pas être inquiétés dans leur retraite, ayant voulu couper le pont de Rastadt, furent chargés par le 2ᵉ régiment de chasseurs à cheval, qui les poursuivit dans la ville, de rue en rue, et les força d'abandonner deux pièces de canon. La cavalerie ennemie revint plusieurs fois à la charge, mais fut constamment repoussée par le feu de notre infanterie légère, qui avait suivi à la course nos chasseurs à cheval. La bataille de Rastadt n'eut d'autre résultat pour les Français que la possession du champ de bataille ; la perte qu'ils firent éprouver aux Autrichiens ne s'éleva pas au-delà de sept à huit cents tués, blessés ou prisonniers.

L'armée autrichienne ayant ses flancs à découvert, par la possession de Gerbach et d'Ottenau d'un côté, et de Rastadt de l'autre, se retira pendant la nuit sur Etlingen.

Le 5 juillet 1808. COMBAT SOUS FIGUIÈRES.

Espagne.

Le lieutenant-général Reille attaque les Catalans, qui bloquaient Figuières, et ravitaille la place.

Le 5 juillet 1809. COMBAT ET PRISE DE PALAMOS.

Espagne.

Le général Gouvion Saint-Cyr, commandant l'armée de Catalogne, fit attaquer le 5 juillet la ville de Palamos, petit port sur la Méditerranée. Le général italien Fontana, de la division Pino, en chassa les Espagnols malgré le feu des canonnières qui tenaient la mer, et s'en empara.

Le 5 juillet 1809. PASSAGE DU DANUBE ET BATAILLE D'ENZERSDORF (1).

Grande armée.
—
Autriche.

Depuis la bataille d'Esling (22 mai), les deux armées française et autrichienne étaient restées sur les deux rives du Danube, sinon

(1) Rapports français et étrangers. — Notes communiquées.

inactives, du moins sans rien tenter d'offensif contre l'une d'elles.

L'armée autrichienne, recrutée de nombreuses levées faites en Hongrie, en Moravie et en Bohême, comptait dans ses rangs, sous les murs de Vienne, de cent soixante-dix à cent quatre-vingt mille hommes, et de huit à neuf cents pièces d'artillerie. Peu confiante en elle-même pour un mouvement d'agression, elle se contentait, de la position centrale qu'elle avait prise, de couvrir la Bohême, la Moravie et une partie de la Hongrie.

Pour ajouter de nouvelles chances favorables à sa position défensive, le général autrichien avait fait établir, parallèlement au Danube, et vis-à-vis le point du passage effectué le 22 mai, des ouvrages de campagne dont la droite était appuyée à Gross-Aspern, le centre à Esling, et la gauche à Enzersdorf, liés entre eux par des redoutes palissadées, fraisées et armées de plus de cent cinquante pièces de canon de position. Le gros de l'armée ennemie, établi perpendiculairement au Danube sur une hauteur à une lieue en arrière de ces premiers retranchemens, avait son front couvert par un ruisseau.

Ainsi retranchée, et croyant être bien défendue par un large fleuve, l'armée autrichienne attendait une nouvelle attaque des Français, dans l'espérance que, plus heureuse encore qu'au 22 mai, et sur-tout plus savante, elle réussirait enfin à les précipiter dans le Danube (1). Cependant il n'existait plus de Danube pour l'armée française. Ce fleuve, de quatre cents toises de largeur, avait été dompté par les habiles travaux du général Bertrand (2) et des officiers du génie sous ses ordres. Désormais un libre et commode passage était assuré, et présentait une entière sécurité pour nos opérations sur l'une et l'autre rives.

Après la bataille d'Esling, Napoléon n'étant point inquiété par l'ennemi dans l'île de Lobau, où il s'était retiré, conçut le projet d'y laisser son armée, et de s'y fortifier en attendant qu'il pût prendre sa revanche. Cette île très-boisée, qui a deux lieues de superficie, de-

(1) Les causes qui firent perdre la bataille d'Esling avaient tellement inspiré de la confiance aux habitans de Vienne dans la protection de ce fleuve, que, lorsqu'on leur parlait de tous les moyens qu'avaient les Français pour effectuer le passage et battre l'armée ennemie, ils répondaient toujours : « Cela serait peut-être si nous n'avions pour nous *le général Danube.* »

(2) En 1814 il suivit Napoléon à l'île d'Elbe; en 1815 il partagea encore sa fortune, et fut mené avec lui à l'île Sainte-Hélène, où il est encore aujourd'hui.

vint donc une véritable place forte, par les immenses ouvrages qui y furent construits. Trois ponts parallèles, de six cents pas de longueur, et sur l'un desquels pouvaient passer trois voitures de front, liaient cette île à la rive droite, et favorisaient nos communications avec Vienne et les troupes qui maintenaient cette capitale. Des estacades sur pilotis, construites dans diverses directions, les assuraient contre toute insulte, même contre l'effet des brûlots et machines incendiaires. Cent vingt pièces d'artillerie de position défendaient nos redoutes et nos têtes de pont. L'île Lobau avait reçu le nom d'*île Napoléon,* et les îles adjacentes également fortifiées, ceux de *Montebello,* d'*Espagne,* de *Petit,* trois de nos généraux tués à Esling et devant Presbourg, et d'*Alexandre* (prénom du prince de Neuchâtel). Un mois avait suffi pour construire tous ces magnifiques ouvrages, qui excitaient l'étonnement et inspiraient l'admiration. Au 1er juillet, l'armée sous les murs de Vienne était forte de cent cinquante-cinq mille hommes. Les troupes qui avaient combattu à Esling étaient campées dans l'île Lobau depuis cette bataille; les autres, occupant la rive droite, étaient réparties depuis Vienne jusque vis-à-vis Presbourg.

Napoléon, qui occupait Schœnbrunn, palais des souverains d'Autriche, à deux lieues de Vienne, vint établir son quartier-général dans l'île Lobau, le 1er juillet (1); dès ce moment tout annonça que le sort de la monarchie autrichienne allait prochainement se décider par une grande bataille.

Depuis le 22 mai, une espèce de suspension d'armes tacite avait laissé aux deux partis la facilité de travailler à leurs retranchemens respectifs, sans aucun obstacle, et les deux armées, séparées seulement par le dernier bras du Danube, à peine large de soixante pas, sur certains points, n'avait commis aucun acte d'hostilité. Par les retranchemens que l'ennemi avait établi à Aspern, Esling et Enzersdorf, il avait clairement indiqué quelle était sa pensée sur nos projets; il fallait donc le confirmer dans son opinion, en portant son attention sur ce point, afin de la détourner du

(1) Lorsque Napoléon voyageait en voiture, il avait l'habitude de lire, et, à cet effet, un petit coffre renfermant les livres qui lui plaisaient le mieux était toujours placé à côté de lui. *Montesquieu, Bossuet, les Commentaires de César* étaient ses livres favoris. Le jour où il vint en voiture de Schœnbrunn s'établir dans l'île Lobau, il lut pendant le trajet *les Mémoires historiques du comédien Dazincourt.* La veille d'une bataille....... Quelle étrange bizarrerie!

véritable but de l'opération, qui était de rendre nuls ces retranchemens, en passant le fleuve au-dessous du point où l'armée l'avait passé au 22 mai.

Le 2 juillet, cinq cents voltigeurs passèrent sur la rive gauche, vis-à-vis Esling. Un petit pont fut jeté, et une redoute établie aussitôt en avant. Les batteries d'Esling, ne doutant pas que ce ne fût une première batterie que l'on voulait faire agir contre elles, tirèrent avec la plus grande activité.

Le 4, dans la journée, l'armée se réunit dans l'île Lobau et aux environs d'Ebersdorf, sur la rive droite. A dix heures du soir, le général Oudinot, commandant les grenadiers et les voltigeurs réunis, fit embarquer sur le grand bras du Danube quinze cents voltigeurs commandés par le général Conroux. Le colonel Baste (1), avec dix chaloupes canonnières, les convoya et les débarqua sur la rive gauche au-delà du dernier bras du Danube; quelques partis ennemis furent repoussés, et nos batteries jouèrent sur celles des Autrichiens.

A onze heures, une épouvantable canonnade s'engagea de toutes nos batteries faisant face

(1) Tué général de brigade à la bataille de Brienne, en 1814.

aux retranchemens de la rive gauche; notre feu se dirigea principalement sur Enzersdorf, où appuyait la gauche de ces retranchemens. Bientôt nos obus y mirent le feu, et en peu d'heures cette petite ville ne fut plus que ruines; victime infortunée d'une ruse de guerre.

L'ennemi, trompé par nos démonstrations vigoureuses sur les points qu'il avait fortifié, répondit de toute son artillerie. Pendant deux heures, un horrible fracas retentit de toutes parts; la détonation de près de trois cents bouches à feu tirant dans un espace très-resserré était si violente qu'elle avait communiqué une espèce de vibration au terrain que nous occupions. L'île Lobau frémissait véritablement sous nos pas. Un orage qui avait eu lieu vers le milieu de la journée, et s'était ensuite dissipé, éclata de nouveau avec une nouvelle violence au moment où nous engagions la canonnade; le vent le plus impétueux ébranlait la forêt, dans laquelle l'armée était entassée, et brisant les arbres les plus vigoureux, écrasait de leur chute nos soldats, rivalisant ainsi de destruction avec les projectiles ennemis. Des torrens de pluie avaient fait une espèce de lac d'une grande partie de l'île. L'obscurité la plus profonde enveloppait l'atmos-

phère. Elle n'était dissipée que par de longs
éclairs, les bombes et les obus qui, décrivant
leur courbe, sillonnaient l'air de leur trace lu-
mineuse. La foudre, qui pendant cette nuit
effroyable tomba plusieurs fois au milieu de
nos bataillons, nous convainquit que le ton-
nerre (que nous ne pouvions entendre) unis-
sait son fracas à celui de l'artillerie.

   Pendant que nos batteries incendiaient Enzersdorf et faisaient taire celles des Autrichiens,
le colonel Sainte-Croix (1), aide-de-camp du
maréchal Massena, passait dans des barques
avec deux mille cinq cents hommes, sur la rive
gauche au-dessous d'Enzersdorf, sans éprouver
que de légers obstacles. Le chef de bataillon
Dessales, du génie de la marine, qui avait fait
préparer d'avance un pont d'une seule pièce,
entre l'île Alexandre et l'île Lobau, le plaça,
en moins d'un quart d'heure, sur le même
point où avait passé le colonel Sainte-Croix, et
notre infanterie le traversa au pas accéléré. Une
heure après, les capitaines du génie Bazelle et
Peyerimoffe jetèrent, à peu de distance du premier, l'un un pont de bateaux, l'autre un pont
de radeaux, de sorte qu'à trois heures après
minuit l'armée française avait quatre ponts

_____

(1) Tué général de brigade en Portugal en 1810.

liant la rive ennemie à l'île Lobau, et protégée par le feu de nos batteries, elle avait débouché la gauche à quinze cents toises d'Enzersdorf, et la droite sur Vittau.

A cinq heures du matin le tems était redevenu serein ; le corps du maréchal Massena tenant la gauche, ceux du prince de Ponte-Corvo (1) et du général Oudinot au centre, et celui du maréchal Davout à la droite, étaient sur la rive gauche ; l'armée d'Italie, sous les ordres du prince Eugène, le corps du maréchal Marmont, la garde et les cuirassiers étaient encore dans l'île Lobau, et débouchaient successivement. Ainsi donc l'armée française était parvenue à tourner le camp retranché de l'ennemi, établi parallèlement au Danube, et à rendre inutiles tous les ouvrages élevés pour s'opposer à son passage.

A huit heures du matin, les batteries qui avaient tiré toute la nuit sur Enzersdorf avaient fait un tel effet qu'on n'avait laissé que quatre bataillons pour garder ses ruines ; le colonel Sainte-Croix y marcha, s'en empara et fit prisonniers les troupes qui s'y trouvaient. Le général Oudinot cerna le château de Sachsengang, que l'ennemi avait fortifié, fit capituler

(1) Aujourd'hui roi de Suède.

les neuf cents hommes qui le défendaient, et prit douze pièces de canon.

Toute l'armée se déploya alors dans la plaine d'Enzersdorf. Cependant les Autrichiens, déçus dans leur espérance, revinrent peu-à-peu de leur étonnement, et tentèrent de saisir quelques avantages dans ce nouveau champ de bataille. Le gros de leur armée se tenant toujours dans ses lignes, ils détachèrent plusieurs colonnes d'infanterie, de l'artillerie et toute leur cavalerie, pour essayer de déborder la droite de l'armée française. Ces divers corps s'emparèrent du village de Rutzendorf; mais le général Oudinot les en eut bientôt chassés, et le maréchal Davout, marchant toujours vers la droite, se dirigea de manière à menacer la gauche de l'ennemi.

Depuis midi jusqu'à neuf heures du soir, l'armée manœuvra dans cette immense plaine, et l'ennemi, résistant peu, se replia partout où on l'attaqua. Le maréchal Massena s'empara successivement des ouvrages d'Essling et de Gross-Aspern, le prince de Ponte-Corvo fit enlever par les Saxons le village de Raasdorf. Vers les neuf heures, une attaque fut faite sur le village de Wagram, où paraissait être le centre de l'armée autrichienne; mais l'obscurité ayant fait manquer d'ensemble les divers mouvemens, elle ne put réussir, et les deux armées, cessant alors leur feu, se préparèrent à livrer le lendemain une bataille générale et décisive.

Le 5 juillet 1812. COMBAT SUR LA DZIANA.

Grande
armée.
—
Russie.

Après le combat de Swentziany (3 juillet), la cavalerie, sous les ordres du roi de Naples, continua à poursuivre l'ennemi. Ayant passé Daugeliski, elle rencontra l'arrière-garde russe, qui fut aussitôt chargée par la brigade de cavalerie légère du général Subervie, et rejetée sur la Dziana, avec perte de deux cents prisonniers. Le général Montbrun, qui suivait la brigade Subervie, trouva l'ennemi occupé à couper le pont sur cette rivière ; et sur la rive gauche était en bataille, couvert par de fortes et nombreuses batteries, le gros de l'armée russe. Le général Montbrun fit avancer trente pièces d'artillerie à cheval, et la canonnade s'établit avec vigueur pendant plusieurs heures. La supériorité de notre feu obligea enfin les Russes à continuer leur retraite ; le lendemain matin, le général Sébastiani entra à Widzy avec sa division : l'empereur Alexandre en était parti la veille.

Le 6 juillet 1794 (18 *messidor an* 2). COMBAT
DE SOMBREF, ONOZ ET BRAINE-LA-LEUD.

Le général Jourdan ayant appris que l'armée
du Nord, sous les ordres de Pichegru, après
s'être emparée de Tournay, Oudenarde et
Gand, s'avançait sur la Dendre, mit aussitôt en
mouvement l'armée de Sambre-et-Meuse, afin
d'opérer sa jonction avec celle du Nord. Le
6 juillet, le général Hatry attaqua Sombref
pendant que Marceau attaquait Onoz. Ces deux
postes furent emportés après un combat meurtrier, et le général Beaulieu se retira à Gembloux. Pendant ce tems, le général Championnet battait quelques troupes légères à Marbaix,
et le général Morlot occupait Genappe. Le
général Lefebvre, soutenu de la cavalerie du
général Dubois, se porta sur Nivelles, que l'ennemi évacua, et l'attaqua dans la position de
Braine-la-Leud, où il s'était retiré. Nos troupes
trouvèrent d'abord une forte résistance, et cédèrent même du terrain pendant un instant ;
mais une charge de cavalerie, poussée à fond,
dans laquelle celle des alliés fut complètement battue, rétablit l'avantage du combat.
L'ennemi se retira à l'entrée de la forêt de
Soignies, en arrière de Mont-Saint-Jean (1).

Armée de
Sambre-et-
Meuse.

(1) C'est la même position où l'armée anglaise se retira

Le 6 juillet 1795 (18 *messidor an* 3). COMBAT
D'AIZCORBE.

Armée des Pyrénées occidentales.

L'armée des Pyrénées occidentales ne connaissait que des succès depuis qu'elle était entrée en Espagne. Le 6 juillet, le général Villot ayant sous ses ordres les généraux Merle, Digonet et le chef de brigade Harispe, chasse les Espagnols d'Yrursum, et les attaque dans leur position d'Aizcorbe. L'ennemi est d'abord repoussé; mais ayant reçu des renforts, il reprend Aizcorbe. Ce n'est qu'après un combat opiniâtre et sanglant que les Français parviennent à rentrer dans Aizcorbe, et à faire définitivement retirer les Espagnols.

Le 6 juillet 1796 (18 *messidor an* 4).
INSURRECTION ET PRISE DE LUGO.

Armée d'Italie.

Pendant que le général Bonaparte consacrait quelque tems à la pacification intérieure de l'Italie, et tenait l'ennemi en échec sur l'Adige, la ville de Lugo se révolta contre les Français, excitée par des prêtres fanatiques qui annonçaient l'arrivée immédiate des Autrichiens, et organisaient une *armée catholique et papale*. Le général Augereau voulut d'abord

après la bataille de Ligny (16 juin), et sur laquelle se livra la bataille de Mont-Saint-Jean (18 juin).

faire rentrer les habitans dans le devoir par la persuasion ; mais ceux-ci ayant massacré cinq dragons du détachement envoyé pour parlementer, le chef de brigade Pouraillier marcha sur cette ville, où le tocsin sonnait depuis le matin. Il y trouva plusieurs mille insurgés disposés à se défendre. Après un combat furieux, la moitié de ces malheureux égarés resta sur la place, et le reste s'enfuit à travers Lugo. Nos troupes y entrèrent pêle-mêle ; la ville fut livrée au pillage, et la plupart des habitans passés au fil de l'épée.

Le 6 *juillet* 1809. BATAILLE DE WAGRAM.

Les diverses escarmouches qui avaient suivi le passage du Danube (5 juillet) n'étaient que le prélude d'une des grandes batailles qui ont illustré l'empire français.

Grande armée.
—
Autriche.

Les deux armées françaises et autrichiennes, fortes, comme nous l'avons déjà dit, la première de cent cinquante mille hommes, la seconde de cent soixante-dix mille, et hérissées de quatorze à quinze cents bouches à feu, passèrent la nuit du 5 au 6 juillet à se préparer au combat. Le 6, à la pointe du jour, on aperçut l'armée autrichienne en position sur une hauteur qui dominait la plaine, et sur le front de laquelle

4

on avait commencé à élever quelques redoutes.
Sa droite, appuyée au Danube, son centre au
village de Wagram, et sa gauche s'étendant
au-delà de celui de Markgrafen-Neusiedel. L'armée française se développa et se rangea parallèlement, à une portée de canon de l'armée
ennemie ; mais au lieu d'appuyer sa gauche au
Danube, Napoléon laissa à dessein près d'une
lieue d'intervalle jusqu'à ce fleuve. Le corps du
maréchal Massena, duc de Rivoli, tint l'extrême gauche, ayant à sa droite celui du maréchal Bernadotte, prince de Ponte-Corvo,
qui s'appuyait au prince Eugène, vice-roi
d'Italie. Celui-ci se liait au centre, qu'occupait
le corps du général Oudinot, ayant le général Marmont, duc de Raguse, en seconde ligne. Le maréchal Davout, duc d'Auerstaed,
tenait la droite, et se trouvait en face de Neusiedel, remarquable par une tour carrée qui
s'élevait au-dessus du village, et servait au
3e corps de point de direction. La garde impériale et la plus grande partie de notre cavalerie étaient en réserve derrière le centre et la
gauche.

Le maréchal Massena, blessé sérieusement
la veille d'un coup de pied de cheval à la tête,
malgré de vives douleurs, ne voulut point quit-

ter le champ de bataille, et pendant cette grande journée il commanda et présida lui-même à toutes les opérations des troupes sous ses ordres, porté dans une calèche partout où le danger nécessitait sa présence.

Le champ de bataille avait deux lieues d'étendue. Les colonnes des deux armées belligérantes les plus rapprochées de la ville de Vienne, n'en étaient pas à douze cent toises, de sorte que la nombreuse population de cette capitale, qui couvrait les tours, les clochers et les toits, dominant ainsi la vaste plaine de Wagram, allait assister à ce grand spectacle, et juger par elle-même si la valeur de l'armée autrichienne était digne de la grande cause qu'elle était appelée à défendre.

Au premier rayon du soleil levant, la canonnade s'engagea. Le 3e corps, commandé par le maréchal Davout, qui se dirigeait sur Neusiedel, et dont le mouvement tendait à déborder l'aile gauche de l'ennemi, rencontra le corps autrichien de Rosenberg, qui s'avançait, dans l'intention semblable de déborder la droite des Français. Il fallait donc que l'une de ces deux masses passât sur le corps à l'autre pour parvenir à son but. Pendant deux heures le combat fut des plus opiniâtres ; mais fatigué

enfin de n'atteindre que de loin un ennemi
que l'ardente valeur des troupes sous son commandement lui donnait l'assurance de vaincre,
le maréchal Davout fait battre la charge dans
tous les rangs; les divisions Morand et Friant
à l'extrême droite, celles des généraux Gudin
et Puthod à leur gauche, la baïonnette en
avant, marchent aux Autrichiens; et malgré
un feu terrible de mitraille, elles gravissent
les hauteurs sur lesquelles ceux-ci combattent
et se croient inexpugnables. Dès ce moment le
combat sur ce point est tout à notre avantage;
l'ennemi recule devant nos baïonnettes; et quoique se retirant en ordre, il cède toujours le
terrain, suivi vivement dans sa retraite par le
3e corps.

Pendant que ceci se passait à notre droite,
le combat s'engageait sur toute la ligne. L'archiduc Charles voulant profiter de la faute qu'il
supposait que Napoléon avait faite en n'appuyant pas sa gauche au Danube, porta de
grandes forces sur sa droite, dans le dessein
alors d'isoler l'armée française de ses ponts
sur le Danube. A travers cet intervalle, il di-
rige lui-même le long du fleuve un corps de
quarante mille hommes, qui repousse d'abord
le peu de troupes qu'il rencontre, et vient me-

nacer notre flanc, pendant que le front de notre gauche est aussi violemment attaqué par des forces considérables. Le village de Gross-Aspern, que défendaient les troupes du maréchal Massena, est emporté. Le corps du prince de Ponte-Corvo, composé de Saxons, est enfoncé, et fuit en désordre. Notre aile gauche, ainsi entamée, se replie, et vient se placer en équerre, faisant face au Danube. L'ennemi, profitant de ce premier succès, continue sa marche, et débordant notre flanc de plus d'une demi-lieue, pousse des partis jusqu'auprès de nos ponts sur l'île Lobau. L'épouvante se répand sur nos derrières; la bataille paraît perdue à cette foule de non combattans qui suivent les armées, et ils fuient dans l'île Lobau, où déjà ils annoncent un grand désastre.

Cependant ce succès des Autrichiens, qui avait été prévu, allait leur devenir funeste. Il était dix heures. Napoléon, qui dès les premiers coups de canon s'était porté vers le 3e corps, revient en toute hâte à notre aile gauche, et s'avance au milieu de la mitraille, à petite portée de fusil, pour reconnaître lui-même l'ennemi. D'après ses ordres, le général Lauriston, avec une batterie de cent pièces d'artillerie, s'avance, sans tirer, jusqu'à demi-portée, et là commence une effroyable canonnade. Pendant que le duc de Rivoli et le prince de Ponte-Corvo, reprenant l'offensive, attaquent de front le corps ennemi qui s'est imprudemment engagé, une partie du corps du vice-roi d'Italie et la réserve d'infanterie le prennent en flanc, tandis que la cavalerie de la garde et celle de réserve, commandées, la première par le maréchal Bessières, et la seconde par le général Lasalle, s'élancent pour le charger sur ses derrières. La colonne autrichienne, étrangement compromise, court risque d'être séparé du reste de l'armée, lorsque, dès la première charge, le maréchal Bessières est blessé d'un boulet qui tue son cheval, et le général Lasalle tué d'une balle. Dès-lors notre cavalerie ne fait plus que des charges partielles, incapables de procurer les résultats qu'on s'en promettait. Dans le même moment, le centre de l'armée autrichienne ayant fait un effort sur le centre de l'armée française pour dégager sa droite, notre artillerie et notre infanterie de réserve, qui commençaient à peine leur mouvement pour couper la retraite au corps de quarante mille hommes, devinrent indispensable pour soutenir notre centre, qui déjà perdait du terrain. A la faveur de cette fluctuation dans nos mouvemens, le corps ennemi parvint bientôt à se dégager ; il rétrograda, se remit en

ligne, et les deux partis reprirent sur ce point
la même position qu'ils avaient avant l'attaque.
Pendant que Napoléon voyait ainsi à notre
aile gauche sa manœuvre si habilement pré-
parée échouer par un hasard inattendu ; il obtenait un succès éclatant à l'extrêmité opposée
de sa ligne de bataille. Le maréchal Davout,
après avoir chassé les Autrichiens de leur première position et du village de Neusiedel, emporté à la baïonnette, les avait toujours poussé
devant lui ; et parvenant enfin à déborder leur
gauche, il réussit à former en bataille sur leur
flanc les divisions Morand et Friant, ayant la
cavalerie du général Montbrun à leur droite,
tandis que les divisions Gudin et Puthod continuaient leur attaque de front. Prise ainsi de
front et de flanc, l'aile gauche ennemie ne put
résister, et se replia sur le centre.

Il était midi. Napoléon, qui ne prévoyait point
encore quel serait l'issue de la bataille, aperçoit
tout-à-coup le 3ᵉ corps, qui, poussant toujours
l'ennemi devant lui, arrivait par les hauteurs
sur le village de Wagram (1). Mettant aussi-

(1) Napoléon, découvrant le corps du maréchal Davout,
s'écria : *Vous verrez que cet homme me gagnera encore cette
bataille !* se rappelant sans doute qu'il devait principalement
au 5ᵉ corps d'armée le succès de la bataille de Jéna.

tôt à profit l'audacieuse et heureuse manœuvre du maréchal Davout, il fait dire au maréchal Massena de *tenir bon, que la bataille est gagnée*, et ordonne une attaque générale. Pendant que le maréchal Massena et le prince de Ponte-Corvo tiennent en échec l'aile gauche autrichienne, le général Macdonald, du corps du prince Eugène, soutenu du général Reille, commandant les fusiliers de la garde, attaque le centre de la ligne ennemie. Le général Oudinot, dont le corps était le plus rapproché des divisions Gudin et Puthod, et qui arrivait aussi sur les hauteurs, vis-à-vis Wagram, s'élance et marche sur ce village.

L'ennemi, dont l'aile gauche était déjà en retraite, ne peut soutenir le nouveau choc de nos braves soldats, qui, par une noble et vaillante émulation, veulent égaler les succès obtenus par le 3e corps. Wagram est emporté par les généraux Macdonald et Oudinot, et l'aile droite autrichienne, compromise et menacée d'être tournée, est contrainte à se retirer précipitamment.

La bataille est gagnée ; l'armée autrichienne, mise en désordre, fuit par Wolkersdorf sur la Moravie, et laisse en notre pouvoir dix drapeaux, quarante pièces de canon, près de vingt mille prisonniers, dix mille blessés et un grand nombre d'équipages. Sa perte en tués s'éleva à plus de quatre mille hommes. Parmi ces der-, niers se trouva le général Normann. Ce géné- ral, que ses talens militaires distinguaient dans l'armée autrichienne, était Français; il fut tué par le 15ᵉ régiment d'infanterie légère de la division Friant. Notre perte, moins con- sidérable que celle de l'ennemi, fut de six mille blessés et deux mille cinq cents tués. Parmi les premiers, on remarqua par leur bril- lante conduite les généraux Seras, Grenier, Vignole, Sahuc, Frère, Defrance et les majors de la garde Dausmenil (1) et Corbinau. Le co- lonel Sainte-Croix (2), aide-de-camp du ma- réchal Massena, se distingua plusieurs fois dans les journées des 5 et 6, et fut aussi blessé. La France fit une perte dans la personne du général de division Lasalle. Cet officier, du plus grand mérite, était généralement regardé comme le meilleur de nos généraux de cava- lerie légère; il emporta avec lui l'estime et les regrets de toute l'armée. Le colonel Oudet (3), du 9ᵉ de ligne, nommé général de brigade la

(1) Aujourd'hui maréchal-de-camp en retraite. C'est le même qui, en 1814, défendit si vaillamment contre les ar- mées alliées le château de Vincennes.

(2) Tué général de brigade en Portugal.

(3) Cet officier, fils d'un laboureur du Jura, était connu dans l'armée par son courage opiniâtre et ses sentimens bien

veille de la bataille, y périt avec vingt-deux officiers de son régiment. Toutes les armes rivalisèrent de gloire et de vaillance dans cette brillante journée ; les chasseurs à cheval et l'artillerie de la garde impériale se distinguèrent surtout par l'audace et le bonheur de leurs attaques.

Vers les dix heures du matin, quand notre gauche plia, un jeune officier saxon (dont nous regrettons de ne pas connaître le nom) cherchait à rallier sa troupe. Il priait, menaçait, frappait les fuyards, mais inutilement. Voyant enfin que ses efforts étaient insuffisans, il arrache son drapeau des mains de celui qui l'emportait, et s'élançant vers la garde impériale,

français. Dès le commencement de sa carrière, blessé au combat de San-Bartholomeo, ses camarades voulaient l'enlever. « Non, non ! s'écria-t-il, les Espagnols sont là ; c'est là qu'il faut marcher. — Mais si nous ne vous enlevons pas, vous resterez au pouvoir de l'ennemi. — Eh bien ! repoussez l'ennemi, et je ne lui resterai pas. »

On a prétendu que le colonel Oudet était à la tête de la secte ou de la loge des *Philadelphes*, parmi lesquels on comptait, dit-on, Mallet et Lahory (qui, en 1812, tentèrent à Paris une conspiration contre le gouvernement de Napoléon), Picquerel, Gindre et Charles Nodier (l'un des rédacteurs du Journal des Débats). Un ouvrage publié après le 31 mars 1814, et M. Cadet de Gassicourt dans son *Voyage en Autriche*, donnent pour but à cette association le rétablissement de la liberté et des institutions républicaines, que le concordat et les constitutions de l'empire avaient fait perdre au peuple français.

il se jette dans les rangs des grenadiers, en s'écriant : *Français, je vous le confie, vous saurez le défendre ; mon régiment est partout où l'on fait face à l'ennemi.* Ce beau mouvement arrêta les Saxons ; ils se rallièrent, et bientôt se battirent avec la plus grande valeur. Quelle différence des Saxons de 1809 combattant à Wagram, aux Saxons de 1813 à Leipsick, abandonnant lâchement l'armée française, et tournant leurs armes contre elle sur le champ de bataille même ! ! !

La bataille de Wagram força encore une fois l'Autriche à s'humilier. L'archiduchesse Marie-Louise, en épousant Napoléon, fut le gage d'une paix qui paraissait durable, mais dont la prompte rupture a remué le système politique de l'Europe jusque dans ses fondemens, et a donné le signal de ces violentes commotions dont le terme n'est peut-être pas encore arrivé.

Le 6 juillet 1806. COMBAT ET DÉBLOCUS DE RAGUSE.

Au mois de juin 1806, une escadre russe débarqua six mille hommes aux bouches du Cattaro. Dix mille Monténégrins s'étant joints à ce corps de troupes, il marcha vers Raguse, où commandait le général Lauriston, n'ayant que

République de Raguse.

deux mille Français sous ses ordres. Ce général, trop faible pour résister à des forces si considérables, s'enferma dans cette ville, déterminé à s'y défendre jusqu'à la dernière extrêmité. Après vingt jours de blocus, les Russes et les Monténégrins commencèrent le siége, et pendant quinze jours battirent Raguse par de nombreuses batteries. Cependant le général Molitor, qui commandait en Dalmatie, se porta au secours du général Lauriston avec les troupes sous ses ordres. Le 6 juillet il arriva en vue de la ville assiégée, et attaqua aussitôt l'ennemi. Les Monténégrins et les Russes furent débusqués de toutes leurs positions ; et, pressés vivement, ils ne trouvèrent de refuge, les derniers que sur leurs vaisseaux, les premiers que dans leurs montagnes, où ils furent opiniâtrement poursuivis. Vingt pièces de canon, six mortiers, beaucoup de caronnades, une grande quantité de munitions, et la délivrance de Raguse, furent le fruit de la valeur des troupes et de l'habileté des dispositions du général Molitor. Le général Delzons, les colonels Bonté, Minal, Teste, Montfalcon, le capitaine Bataille, aide-de-camp du vice-roi d'Italie, et l'aide-de-camp du général Molitor, Balthasar, furent cités pour leur conduite dans cette brillante affaire. Le colonel Teste (1) fut nommé général de brigade.

Le 6 juillet 1812. COMBAT DE KOSENI.

Le général Nansouty ayant reçu l'ordre de se joindre au roi de Naples, quitta Postawy, et arriva sur les bords de la Dziana le 6 juillet; la brigade du général Roussel passa aussitôt la rivière, attaqua les Russes, les culbuta, et leur fit cent trente prisonniers.

Russie.

Le 6 juillet 1815. ATTAQUE DE GRENOBLE.

En 1815, une armée austro-sarde se présenta sur les frontières des départemens de l'Isère et des Hautes-Alpes. Les Piémontais arrivèrent sous les murs de Grenoble le 4 juillet. Le 5, les habitans, sortis en tirailleurs, échangèrent quelques coups de fusils avec eux. Les Piémontais, informés qu'il n'y avait dans la place d'autres troupes que deux cents conscrits du Mont-Blanc à peine sortis de leurs foyers, sommèrent le général Motte, qui la commandait, de la rendre. Celui-ci, sûr de ses compatriotes, répondit comme il l'eût fait à la tête de nos vieilles bandes. Le lendemain 6 juillet, à six heures du matin, l'ennemi attaqua les postes extérieurs de la garde nationale,

France.

(1) Aujourd'hui lieutenant-général.

et les força, après un vif combat, à rentrer dans la place. Tout ce qui pouvait manier une arme se porta sur les remparts. Les femmes, les vieillards portaient aux combattans des vivres, des munitions et pansaient les blessés; le combat s'engagea de nouveau, et dura avec violence jusqu'à 9 heures du matin. Les Piémontais demandèrent alors une suspension d'armes qui leur fut accordée, et pendant laquelle ils enterrèrent leurs morts, dont le nombre était considérable. Un jeune élève du lycée de Grenoble, placé à une pièce de canon, en démonta deux de l'ennemi.

Les événemens qui se passaient à Paris ayant rendu inutile une plus longue défense, Grenoble fut occupé; mais la glorieuse résistance des habitans de cette ville fut une nouvelle preuve pour les étrangers, que s'ils abusaient de la victoire, ils devaient s'attendre à trouver dans chaque citoyen un soldat aguerri et déterminé à tout sacrifier pour résister à l'oppression (1).

(1) Deux cent cinquante habitans de Grenoble se sont réunis cette année, le 6 juillet, pour célébrer l'anniversaire de ce combat si honorable pour eux.

Le 7 juillet 1794 (19 *messidor an* 2). COMBAT
DE GEMBLOUX.

Le lendemain du combat de Senef, le géné-   Armée de
Sambre-et-
Meuse.
ral Hatry, tenant la droite de l'armée de Sam-
bre-et-Meuse, attaqua le général Beaulieu dans
sa position de Gembloux, et le battit complètement. Cette armée s'avança alors sans obstacles jusque sous les murs de Bruxelles.

Le 7 juillet 1798 (19 *messidor an* 6). PRISE
DE ROSETTE.

Le général Dugua, après la prise d'Alexan-   Egypte.
drie (2 juillet), marcha avec sa division sur
Rosette par le bord de la mer, et s'en empara
sans coup férir le 7 juillet.

Le 8 juillet 1793 (20 *messidor an* 1er). COMBAT
D'OST-CAPELLE.

Le 8 juillet 1793, au milieu de la nuit, les   Armée du
Nord.
Autrichiens attaquent sur les frontières de la
Belgique le village d'Ost-Capelle, près de Lille,
que défendait le 5e bataillon de Saône-et-Loire.
Quoique attaqué à l'improviste, au premier
coup de feu le capitaine Habert, qui se trouvait aux avant-postes, réunit sa compagnie, et
au milieu d'une grêle de balles, il s'écrie : *Mes*

amis, c'est ici notre tombeau; il faut périr dans ce retranchement plutôt que de l'abandonner. Accablés par le nombre, ces braves volontaires ne songent point à se rendre; à toutes les propositions, ils ne répondent que par des coups de baïonnettes, et des cris de *vive la république!* Ils allaient enfin tous périr lorsque le reste du bataillon étant accouru, dégage Habert et ses valeureux compagnons, fait un grand carnage des Autrichiens, et les force à une retraite précipitée.

Le 8 juillet 1812. PRISE DE MINSK.

Russie.

Après l'occupation de Wilna (28 juin), le 1er corps d'armée, commandé par le maréchal Davout, prince d'Eckmühl, se mit à la poursuite du corps du prince Bagration, séparé de son armée, et qui cherchait à la rejoindre. Le 8 juillet, les Français ayant prévenu le général russe dans sa marche, arrivèrent avant lui à Minsk, et s'emparèrent, sans coup férir, de cette ville, où ils trouvèrent des magasins considérables.

Le 9 juillet 1794 (21 *messidor an* 2). COMBAT D'ARQUINZUN.

Pyrénées occidentales.

Le marquis de Saint-Simon, commandant

un corps espagnol dans l'armée aux ordres du comte de Colomera, qui avait succédé à don Ventura de Caro, occupait, sur les frontières de la vallée de Bastan, les hauteurs de la montagne d'Arquinzun. Attaqué de front dans cette position par le général Moncey (1), tandis que le brave Latour-d'Auvergne tournait ses derrières, il y est forcé, et ne trouve son salut que dans une prompte retraite.

Le 9 juillet 1795 (21 messidor an 3). COMBAT DE SAINT-ÉTIENNE.

Les austro-sardes attaquent le 9 juillet la gauche et le centre de l'armée d'Italie, que commandaient les généraux Garnier et Macquart, dans la position de la Tinea et de Saint-Etienne. Ils obtiennent d'abord quelques succès; mais ils sont ensuite repoussés, et les Français conservent leurs positions.

Armée d'Italie.

Le 9 juillet 1796 (21 messidor an 4). PASSAGE DE LA LAHN, ET COMBATS DE CAMBERG ET D'OBER-MERLE.

Dans l'intention de s'emparer de Francfort sur le Mein, et de resserrer dans Mayence la garnison de cette place sur la rive droite du

Armée de de Sambre-et-Meuse.

(1) Aujourd'hui maréchal de France, duc de Conegliano.

5

Rhin, le général Jourdan fit passer la Lahn à l'armée de Sambre-et-Meuse. Les Autrichiens n'en défendirent pas les approches ; mais atteints dans leur retraite au village de Camberg, ils furent chargés par la cavalerie du général Klein, et contraints de se retirer derrière le fort de Kœnigstein. Le 12ᵉ de dragons et le 12ᵉ de chasseurs se firent remarquer dans cette occasion par des charges audacieuses contre les cuirassiers ennemis, qui laissèrent sur le champ de bataille trente-cinq voitures de blessés et cent cinquante chevaux.

Pendant que le centre et la droite de l'armée de Sambre-et-Meuse passaient la Lahn, et que le centre battait les Autrichiens à Camberg, la gauche, aux ordres de Kléber, passait aussi cette rivière à Lein, Wetzlar et Giessen. L'avant-garde de la division du général Collaud ayant rencontré l'arrière-garde ennemie au-delà de Butzbach, il s'engagea une affaire dans laquelle la cavalerie du général Ney (1), soutenue de la 20ᵉ demi-brigade d'infanterie légère, repoussa les Autrichiens au-delà d'Ober-Merle, et occupa ce village. L'ennemi s'étant aperçu que le général Ney n'était pas soutenu,

(1) Depuis maréchal de France, prince de la Moskowa, fusillé à Paris le 7 décembre 1815.

l'attaqua à son tour avec des forces supérieures, et s'empara d'Ober-Merle. La division
Collaud s'étant avancée, rétablit le combat;
et après divers succès de part et d'autre, à la
nuit les Autrichiens furent repoussés et le village resta au pouvoir des républicains.

Le 9 juillet. 1796 (21 *messidor an* 4). BATAILLE
D'ETLINGEN.

L'armée autrichienne ayant ses flancs à découvert par les succès qu'avait obtenus l'armée de Rhin-et-Moselle à la bataille de Rastadt (5 juillet), se retira sur Etlingen. L'intention du prince Charles, dont les forces, égales
aux nôtres en infanterie, les surpassaient en
cavalerie de dix mille chevaux, était d'attendre,
dans cette position, les renforts qui lui venaient du Bas-Rhin et des environs de Mayence,
ainsi qu'un corps saxon de sept bataillons et
de douze escadrons qui arrivaient par Wildbaden. Ayant donc réuni toutes ses forces, l'archiduc fit ses dispositions pour reprendre l'offensive; et comptant sur la supériorité numérique de son armée, il se flatta de forcer l'armée du Rhin-et-Moselle à repasser précipitamment le Rhin pour lui échapper.

Le général Moreau devinant les intentions

Armée de
Rhin-et-Mo-
selle.

du général ennemi, résolut de le prévenir. Menacé d'être attaqué le 10 sur tous les points, il marcha aux Autrichiens le 9 juillet, et les rencontra qui se portaient en avant pour reprendre la position de la Murg, dans l'intention de nous livrer bataille le lendemain. Leur droite s'étendait vers le Rhin du côté de Durmersheim ; leur gauche occupait la vallée de la rivière d'Alb, l'abbaye de Frawenalb, et s'appuyait à Rotensolhe, dont elle couronnait les hauteurs. Le général français fit aussitôt ses dispositions. Voulant refuser sa gauche, afin de faire l'effort principal sur notre droite contre la gauche de l'ennemi, il ordonna au général Delmas de garder avec deux demi-brigades d'infanterie le passage de la Pfederbach à notre extrême gauche, de ne point passer cette rivière, et de n'engager aucune affaire sérieuse. Le général Desaix fut chargé de se diriger sur Malsch, afin de contenir tout ce qui se trouverait entre les montagnes et le Rhin, et d'attaquer ce village. Ce fut au général Gouvion Saint-Cyr (1) que fut réservée l'attaque de la gauche de l'ennemi.

Ce général détacha le général Taponnier

(1) Aujourd'hui maréchal de France, pair et ministre de la guerre.

avec la 21e demi-brigade légère, la 31e de ligne, et cent cinquante hussards pour gagner l'Enz, marcher sur Wildbaden, et déborder la gauche de l'armée autrichienne. Ce détachement ayant rencontré le corps saxon qui s'avançait pour prendre position sur l'Enz, l'attaqua, lui fit quelques prisonniers, et les força à rétrograder sur Pfortzheim. Pendant ce tems le général Saint-Cyr, qui s'était réservé d'attaquer de front la gauche ennemie, qui occupait, comme nous l'avons dit, les positions de Hernalb, Frawenalb et Rotensolhe, marchait en avant avec les 84e, 93e, 106e et 109e demi-brigades d'infanterie, et un détachement du 4e régiment de chasseurs à cheval, ayant sous ses ordres les généraux Lecourbe et Lambert. Ces positions étaient défendues par une artillerie nombreuse, quatre régimens d'infanterie, trois bataillons de grenadiers, un de croates, un d'infanterie légère, et quatre escadrons, toutes troupes d'élite qui devaient y tenir jusqu'à la dernière extrêmité.

Les postes d'Hernalb et de Frawenalb furent facilement enlevés, malgré une vive résistance ; mais le plateau de Rotensolhe, dont le penchant est couvert de bois touffus d'un abord rapide et difficile, demandait de plus grands efforts et une longue persévérance. Au lieu de faire attaquer avec toutes ses troupes, qui déjà étaient fatiguées par une marche pénible, le général Saint-Cyr prit le sage parti de fatiguer l'ennemi par des attaques successives sur divers points, et de laisser reposer une partie de sa colonne, afin de l'avoir toute fraîche lorsque l'instant serait favorable, et que le manque de succès de nos premiers efforts aurait rendu l'ennemi moins défiant. Lorsque la 93e demi-brigade, dans quatre diverses attaques, eut été ramenée quatre fois jusqu'au pied de la montagne, les 106e et 109e demi-brigades se formèrent en colonne, gravirent la position, et, malgré la mitraille, parvinrent au plateau. L'ennemi, enfoncé, fut mis en déroute et poursuivi l'épée dans les reins. Il laissa sur le champ de bataille un grand nombre de tués et douze cents prisonniers en notre pouvoir.

A l'aile gauche, le général Desaix engagea le combat par l'attaque du village de Malsch. L'adjudant-général Decaen (1), à la tête de la 10e demi-brigade légère, de la 10e de ligne, et du 8e régiment de chasseurs à cheval, s'en empara d'abord; mais l'ennemi étant revenu en plus grand nombre, reprit le village, et nos

(1) Aujourd'hui lieutenant-général.

troupes furent obligées de se retirer sur une hauteur boisée. Les 10ᵉ et 11ᵉ demi-brigades firent encore une tentative sur Malsch, et y pénétrèrent; mais ne purent s'y maintenir. Ce village fut successivement pris et repris trois fois, chaque armée y ayant employé toute son infanterie disponible. Le combat dura sur ce point jusqu'à dix heures du soir, et le village resta à l'ennemi; nous conservâmes le bois et les hauteurs. Les deux partis firent des pertes considérables en tués et blessés; nous fîmes cinq cents prisonniers. Le général autrichien avait placé presque toute sa cavalerie à son aile droite dans la plaine de Durmersheim; la nôtre, trop inférieure en nombre, s'était contentée d'observer celle-là; mais, vers le milieu de la journée, quelques escadrons de nos hussards et chasseurs ayant, par un faux mouvement, prêté le flanc à l'ennemi, ils furent aussitôt chargés par toute la cavalerie autrichienne, à la tête de laquelle était le prince Charles lui-même. Cette brusque attaque, qui aurait pu devenir funeste à l'armée française, fut habilement arrêtée par notre cavalerie de réserve, qui se forma avec promptitude dans une position où l'ennemi ne croyait pas la rencontrer, et par la viva-cité du feu de notre artillerie légère. Les Autrichiens étonnés s'arrêtèrent, et quoique leur grande supériorité numérique dût leur promettre des succès, ils n'entreprirent plus rien le reste du jour.

Il n'y avait donc eu sur notre gauche aucun succès décisif de part et d'autre, et chacun conservait son champ de bataille à l'entrée de la nuit ; mais le prince Charles apprenant le succès du général Saint-Cyr à Rotensolhe, et se voyant entièrement à découvert sur son flanc gauche, se retira pendant la nuit sur Durlach et Carlsruhe, ne laissant à Etlingen qu'une arrière-garde.

A cette époque l'armée de Sambre-et-Meuse, après de brillans succès, s'étant portée rapidement jusqu'aux bords du Mein, l'ennemi ne put continuer à tenir sur le Rhin, pressé entre nos deux armées, et se retira vers le Danube pour s'y rallier et concentrer ses forces.

Le 9 juillet 1800 (20 *messidor an* 8). COMBAT DE LANDSHUT.

Armée du Rhin.

Après la bataille d'Hochstedt (19 juin), et le combat d'Oberhausen (27 juin), le général Kray se retirant toujours devant le général Moreau, fut attaqué le 9 juillet à Landshut par la division du général Leclerc. Les Autrichiens furent enfoncés dès la première charge, faite par le général Heudelet, et s'enfuirent en désordre. Les portes de la ville furent enfoncées à coups de hache ; l'archiduc Ferdinand n'eut pas le tems de faire couper le pont, et fut obligé d'évacuer la place.

Le 9 juillet 1807. PAIX ENTRE LA FRANCE, LA RUSSIE ET LA PRUSSE.

La bataille de Friedland (14 juin) avait amené l'armée française sur les bords du Niémen, achevé la conquête de toute la Prusse, et allait porter le théâtre de la guerre sur le territoire même de la Russie. L'empereur Alexandre, redoutant les malheurs dont la Prusse était accablée, demanda une suspension d'armes ; elle fut accordée comme nous l'avons déjà vu (21 juin), et dès ce moment les plénipotentiaires des puissances belligérantes s'occupèrent, dans la ville de Tilsitt, à régler les conditions de la paix, dont les ratifications furent échangées le 9 juillet.

Grande Armée.
—
Prusse orientale.

Ce traité de paix, qui donna naissance au royaume de Westphalie et au grand-duché de Varsovie (pays distraits de la monarchie prussienne) fit perdre à la Prusse la moitié de ses possessions. La Russie, quoique battue de concert avec elle, y gagna une portion de pays pris au duché de Varsovie, sur les bórds du Bug et de la Narew.

· Pendant que l'on traitait de la paix, la ville de Tilsitt devint le séjour de l'empereur Napoléon, de l'empereur Alexandre, du roi et de la reine de Prusse. La première entrevue des trois souverains eut lieu sur le thalweg du Niémen, où l'on avait construit un radeau orné d'une tente destinée à les recevoir. Jusqu'à la conclusion de la paix, diverses fêtes furent données par Napoléon aux deux souverains de Russie et de Prusse. Ces deux princes assistèrent à de grandes manœuvres que l'armée française exécuta devant eux. A cheval auprès de Napoléon, ils parcouraient la plaine au gré de son caprice ou selon que le mouvement des troupes nécessitait un changement de position. Napoléon indiquait les manœuvres au général Mouton (1); celui-ci les commandait et l'armée entière les exécutait aussitôt avec une précision, un ensemble, une célérité qui excitèrent plus d'une fois l'admiration des grands personnages devant qui elle manœuvrait.

L'empereur Alexandre vint souvent dans

(1) Aujourd'hui comte de Lobau, lieutenant-général, porté sur la seconde liste du 24 juillet 18;5.

le camp de nos troupes les visiter avec détail. Partout il saisit l'occasion de témoigner aux soldats et officiers français sa bienveillance et la plus grande estime. Enfin, le 9 juillet, après vingt jours de séjour à Tilsitt, les deux empereurs se séparèrent en s'embrassant et se jurant une amitié éternelle. Cinq ans après, la guerre qui devait être si désastreuse était déclarée entre la France et la Russie.

Le 9 juillet 1809. COMBAT DE LAA.

Après la bataille de Wagram (6 juillet), l'armée française poursuivant l'armée autrichienne vers la Moravie, le duc de Raguse atteignit son arrière-garde au village de Laa, il la culbuta et lui fit neuf cents prisonniers.

Grande armée.
—
Autriche.

Le 10 juillet 1798 (22 messidor an 6). MARCHE A TRAVERS LE DÉSERT ET COMBAT DE RAHMANIEH.

Après la prise d'Alexandrie (2 juillet), pendant que le général Dugua se portait sur Rosette par le bord de la mer (7 juillet), une flottille organisée d'après les ordres du général Bonaparte et commandée par le chef de

Egypte.

division Perrée, se rendit par mer à Rosette, et remonta le Nil pour porter les provisions et munitions nécessaires, tandis que le reste de l'armée française se mit en marche pour le Kaire, capitale de la Haute-Egypte, à travers le désert.

Le 7 juillet commença, dans les ardeurs de la canicule, sur des sables enflammés, sous un ciel d'airain, la marche la plus pénible que jamais armée française ait entreprise. Pendant trois jours nos soldats éprouvèrent tout ce que la soif la plus ardente peut faire endurer de tourmens. L'air brûlant qu'ils respiraient desséchait leurs poumons, et les malheureux, dans l'impossibilité où ils étaient de trouver un peu d'eau, succombaient à la fatigue et mouraient dans un supplice horrible, ou sous le fer des Arabes qui suivaient et harcelaient l'armée.

Arrivé au hameau d'El-Ouah, on ne trouva qu'un puits qui ne contenait même qu'une boue fétide, c'était le tems de la plus grande baisse du Nil, et il n'y avait plus d'eau dans ce puits.

Quelques paysans qui habitaient une douzaine de huttes composant ce hameau, cachaient avec grand soin l'eau qu'ils destinaient à leurs familles. Malgré leurs souffrances, malgré leur désespoir, nos soldats respectèrent leur asile et payèrent au poids de l'or cette eau bienfaisante qui seule pouvait les arracher à la mort. Ils donnèrent jusqu'à six francs pour une petite bouteille. Ceux qui ne pouvaient faire cette dépense, plutôt que de s'emparer de l'eau de vive force, continuaient à souffrir, et quelques instans après tombaient morts desséchés. Admirable discipline, caractère sublime de soldats que dans ces derniers tems on a tant calomniés!

Vers la fin du troisième jour on arriva à Birket, qui n'est qu'un ramassis de huttes de terre servant de repaire aux Arabes fellahs. On aperçut une citerne, la seule qui existait, et on y courut. Un homme y descendit; du fond de ce trou qui était prêt à devenir un tombeau commun, il prononça ce cri de mort : *Il n'y a pas d'eau.* A l'instant tous les visages s'obscurcirent d'une sombre terreur; chacun crut toucher à son heure dernière. Ce nouvel incident excita encore davantage l'altération du sang, il s'échauffa et le supplice s'accrut par l'imagination. Un soldat vit succomber un de ses camarades; inquiet, il regardait autour de lui et épiait le moment où il ne serait point vu pour égorger son ami et se désaltérer dans son sang. Mais il était observé et il ne put exécuter son horrible dessein. Il avoua depuis ce crime d'intention, qui n'était cependant pas celui de son naturel.

Les domestiques du général Reynier étaient parvenus, avec beaucoup de peine, à recueillir dans un vase, du fond de la citerne, un peu de boue liquide. A l'instant où ce général portait le vase à sa bouche, un soldat qui l'aperçut courut à lui l'œil étincelant, la rage dans le cœur, et lui dit : *Général, je sais le respect que je vous dois; mais vous tenez là vie dans vos mains, et je meurs.* Il arracha le vase et aspira avidement l'humidité qu'il contenait.

Au supplice d'une soif dévorante vint aussi se joindre celui de la faim. Excédés de fatigue, les soldats, pour alléger le poids qu'ils portaient, avaient jeté leur biscuit dès le commencement de la marche, et bientôt ils n'eurent plus rien à manger. Les blés ne manquaient pas, l'armée entière couchait sur des tas de grains; mais on n'avait ni moulins, ni moyens de fabrication; et on ne pouvait trouver une once de pain.

Enfin, après des souffrances inouïes, l'armée arriva à Rahmanieh, sur le Nil. Là, on rencontra pour la première fois les Mamlouks, au nombre de huit cents, ils cernèrent d'abord la division du général Desaix, qui formait l'avant-garde ; mais, bientôt attaqués sérieusement, ils prirent la fuite et se retirèrent sur le gros de leur armée, qui, commandée par Mourad-Bey, s'avançait pour combattre les Français.

L'armée française aperçut alors le Nil. Que de bénédictions, que de saluts reçut ce fleuve bienfaisant. Bientôt les eaux sont couvertes de nos soldats, qui puisent dans son sein une nouvelle vie, et savourent à longs traits une jouissance qu'ils ne connaissaient pas, et qu'ils ont si chèrement achetée.

Le 10 juillet 1809. COMBAT D'HOLLABRUN.

Après la bataille de Wagram et le combat de Laa (6 et 9 juillet), l'armée autrichienne se retirait en Moravie. Le maréchal Massena trouve une partie de son arrière-garde à Hollabrun, l'attaque et la met en déroute. **Autriche.**

Le 10 juillet 1810. SIÉGE ET PRISE DE CIUDAD-RODRIGO.

La paix avec l'Autriche, en 1809, après la bataille de Wagram, rendit libre l'empereur Napoléon de toute guerre dans le Nord, et lui permit de diriger de nouvelles troupes sur l'Espagne. Cent mille hommes passèrent les Pyrénées, tant à la fin de 1809 qu'au commen- **Espagne.**

cement de 1810, et vinrent recruter nos divers corps d'armée répandus dans la péninsule.

Une armée de cinquante-trois mille hommes, dont le maréchal Massena, prince d'Esling (1), prit le commandement, destinée à la conquête du Portugal, se réunit dans la province de Salamanque. Elle était composée du 2ᵉ corps, sous les ordres du général Reynier (2); du 6ᵉ, commandé par le maréchal Ney, duc d'Elchingen (3); du 8ᵉ, que commandait en chef le général Junot, duc d'Abrantès (4); et d'un corps de cavalerie aux ordres du général Montbrun (5).

Pendant que les Français faisaient leurs préparatifs d'invasion, l'armée anglo-portugaise, sous les ordres de lord Wellington, se préparait à une sage et prudente défensive. Postée sur les frontières de Portugal, dans les environs d'Alméida, elle comptait dans ses rangs trente mille Anglais et trente mille Por-

(1) Mort à Paris en 1817.

(2) Mort en 1814 en France, lorsqu'il revenait d'Autriche, ayant été fait prisonnier avec la garnison de Dresde en 1813.

(3) Fusillé à Paris en 1815.

(4) Mort en France en 1815 d'une chute par suite d'un accès de frénésie.

(5) Tué à la bataille de la Moskowa et enterré dans la grande redoute enlevée la veille de la bataille.

tugais (1); quinze mille hommes de troupes ré-
glées portugaises étaient encore dans l'intérieur des provinces. Quarante-cinq mille hommes de milices, commandés presque tous par
des officiers anglais, servaient d'éclaireurs et
secondaient, dans toutes ses opérations, l'armée principale. Enfin la levée en masse, qui
se composait, en cas d'invasion, de toute la
population armée du Portugal, animée contre

(1) M. le maréchal-de-camp Sarrazin, qui écrit l'histoire
de nos guerres à coups de rapports et de journaux anglais,
s'en écarte dans cette circonstance, dans son Histoire de la
guerre d'Espagne et de Portugal, en passant sous silence les
ressources du général anglais. Il se contente de lui donner
simplement cinquante mille hommes, moitié Anglais, moitié
Portugais, et ne dit rien du reste. Cependant il doit savoir
que l'*Edimbourg annual Register* et les papiers relatifs aux
affaires d'Espagne et de Portugal, présentés au parlement
d'Angleterre en 1810, et les relations publiées dans ce pays,
autorités qu'il cite plusieurs fois, le disent positivement. C'est
sans doute par le même motif qui lui fait diminuer les forces
anglaises en Portugal, qu'il donne soixante-dix mille hommes
au maréchal Massena.

Aussi bien instruits que M. Sarrazin, mais plus amans
de la vérité, nous affirmons, sur des documens officiels, que
l'armée de Portugal sous les ordres du maréchal Massena, en
1810, ne s'élevait pas au-delà de cinquante-trois mille hommes. Du reste, MM. Guingret et Lagrave, tous deux officiers
supérieurs dans cette armée, et plus dignes de foi que M. Sarrazin, sont d'accord avec nous dans la relation de la campagne de Portugal qu'ils ont publiée chacun séparément.

6

les Français par le patriotisme, la haine, et le souvenir récent des deux expéditions du général Junot en 1808 et du maréchal Soult en 1809, offrait au général anglais quelque espoir de succès contre l'ennemi qu'il allait avoir à combattre.

La première expédition de l'armée française de Portugal fut le siége de Ciudad-Rodrigo. Il était nécessaire, pour ses opérations, qu'elle s'assurât d'une place d'armes où elle pût s'appuyer au besoin, et celle-ci, située à deux lieues des frontières du Portugal, présentait tous les avantages désirés.

Cette ville, qui couvre une partie de l'Estramadure et la Castille, est au milieu d'une plaine qu'elle domine de toutes parts, excepté d'un côté, d'où elle est dominée elle-même par une hauteur appelée *le Téson*. La plus grande partie en est bâtie sur un roc très-élevé, et baignée par l'Aguada, rivière large et profonde. Où la nature n'a point assez fait pour la défense, l'art y a suppléé; et les Espagnols, selon leur usage, avaient encore tiré un bon parti des couvens qui sont en dehors de la ville pour en gêner les approches. La garnison était de huit mille hommes, auxquels s'étaient réunis un grand nombre de paysans des environs.

Les magasins de vivres avaient été calculés pour un an de blocus, et l'arsenal, bien fourni, ne laissait rien manquer à l'armement de la place.

L'ardeur de la garnison était encore entretenue par le voisinage de l'armée anglaise et de celle du marquis de la Romana ; et, en effet, tout portait à croire que lord Wellington, qui poussait des reconnaissances jusque sur l'Agueda, et n'était qu'à quelques lieues, ne verrait pas tranquillement tomber une place qui allait être d'une si grande ressource pour l'armée française. On savait d'ailleurs qu'il avait fait authentiquement la promesse au gouverneur de Ciudad-Rodrigo, de venir à son secours. Cependant il n'en fit rien, soit qu'il n'eut jamais l'intention de la remplir, soit qu'il en eut reconnu le danger ou l'impossibilité.

Le maréchal Ney fut chargé des opérations du siége, pendant que le reste de l'armée observerait les anglo-portugais et la Romana. Dans les premiers jours du mois de juin 1810, il investit Ciudad-Rodrigo. Malgré les efforts que fit la garnison pour en défendre les approches, elle fut rejetée entièrement dans les ouvrages et les faubourgs fortifiés ; et la tranchée fut ouverte, dans la nuit du 15 au 16, sur la hauteur appelée *le Téson*. Le feu de la nombreuse artillerie de l'ennemi n'empêcha pas qu'une première parallèle ne fût établie d'abord à deux cent cinquante toises. Bientôt la tranchée ayant été poussée jusqu'à un couvent au pied des glacis, d'autres batteries enfilèrent le rempart, et firent pleuvoir dans l'intérieur de la ville une grêle de bombes et d'obus. Ces projectiles creux mirent le feu en plusieurs endroits ; l'incendie se développa avec fureur, et fit bientôt de grands ravages. Le mur de la fausse braie ayant été renversé, il fallut songer à faire brèche au corps de la place ; mais nos batteries étant trop éloignées, et le terrain étant très-difficultueux, on fut obligé de transporter à bras toutes nos bouches à feu jusqu'à soixante toises de la place, et là, de travailler à découvert sous un grand feu de mitraille et de mousqueterie presque à bout portant.

La ligne d'attaque, ainsi rapprochée de la place, se trouvait enfilée par le feu meurtrier du faubourg Saint-François. Après une opiniâtre résistance, qui dura plusieurs jours, l'ennemi en fut délogé et contraint de se réfugier dans la place.

Dès-lors la ville ne semblait plus pouvoir

tenir ; cependant l'espérance d'être secourue
par l'armée anglaise, soutenait l'opiniâtreté de
la garnison, et entretenait l'exaltation dans
toutes les têtes. Celle-ci, en effet, avait son
avant-garde à deux lieues, et même en vue de
la ville, et l'on était fondé à croire qu'elle fe-
rait une tentative, ne fût-ce que pour tromper
les assiégés, et prolonger leur résistance de
quelques jours. Pour s'assurer si en effet telle
était son intention, le duc d'Abrantès poussa
une grande reconnaissance sur la route d'Alméida, et marcha sur l'avant-garde anglaise.
Elle fut culbutée et poussée jusque sur les hauteurs de Gallegos, où elle essaya de tenir, soutenue par une nombreuse artillerie. Quelques
charges, exécutées par la brigade de cavalerie
du général Sainte-Croix, la lui firent abandonner, et l'ennemi ne s'arrêta plus que sous
le canon d'Alméida. On remarqua, dans cette
occasion, la conduite d'une compagnie de grenadiers du 22ᵉ de ligne, qui, entourée par deux
escadrons de la garde anglaise, soutint ce combat disproportionné pendant deux heures, sans
se laisser entamer et sans perdre un pouce de
terrain. Le duc d'Abrantès, après avoir poussé
jusqu'au fort de la Conception, ayant reconnu
que le gros de l'armée anglaise était toujours

de l'autre côté du Coa, fit rentrer ses troupes,
laissant seulement de forts postes pour tenir
ceux de l'ennemi à une plus grande distance
qu'auparavant.

Pendant ce tems, notre artillerie avait fait
de tels ravages sur Ciudad - Rodrigo , que
tout le côté de l'attaque était entièrement
détruit. L'incendie éclatait de toutes parts ;
une mine fit sauter la contrescarpe ; la brèche praticable avait près de vingt toises de
largeur, et le fossé était comblé. Tout était
prêt pour l'assaut. Le maréchal Ney, dans la
tranchée, disposait lui-même les troupes d'é-
lite désignées pour le donner. Désirant s'assurer si la pente de la brèche est commode, il
demande trois soldats de bonne volonté pour
en faire l'épreuve, en arrivant les premiers sur
le haut du rempart : il s'en présente cent. Le
maréchal en choisit trois, qui s'y portent vivement sans que l'ennemi eût tiré sur eux. Dans
ce moment, au contraire, les assiégés arborent
le drapeau blanc, et le gouverneur, conduit
devant le maréchal Ney, lui offre de remettre
la place à discrétion.

Le 10 juillet au soir, nos troupes prirent
possession de Ciudad-Rodrigo, après vingt-
cinq jours de tranchée ouverte, et le lendemain

la garnison, forte encore de sept mille hommes, sortit pour être conduite en France prisonnière de guerre.

On trouva dans la place une grande quantité de bouches à feu, d'armes et de munitions de toute espèce. La garnison et les habitans, indignés du manque de foi des Anglais, leur reprochaient tous les maux qu'ils avaient soufferts, et la misère affreuse à laquelle ils étaient réduits. Les trompeuses promesses de leurs alliés, disaient-ils, les avaient portés à une si longue résistance, à laquelle ils eussent pu mettre plutôt un terme sans manquer aux lois de l'honneur.

Ciudad-Rodrigo pris, on s'occupa immédiatement du siége d'Alméida, et l'armée française de Portugal passa la frontière et pénétra dans ce royaume.

~~~~~~~~~~

Le 11 juillet 1794 (23 *messidor an* 2). Oc-
CUPATION DE BRUXELLES.

Après les combats de Sombref et Gembloux (6 et 7 juillet), l'armée coalisée s'étant retirée et laissant Bruxelles à découvert, le général Leval, commandant l'avant-garde de la division Lefebvre, fut chargé de fouiller la forêt de Soignies. Le 9 juillet, il s'avança jusque sous

Armée de
Sambre-et-
Meuse.

les murs de Bruxelles, dont les magistrats lui offrirent les clefs de la ville. Le général Jourdan désirant faire participer les troupes de l'armée du Nord, qui approchait, à la prise de possession de la capitale du Brabant, voulait les attendre, lorsqu'il apprit que le général Pichegru, informé de l'évacuation de Bruxelles par l'ennemi, avait devancé son armée, et escorté seulement de deux escadrons de cavalerie, s'était rendu dans cette ville le 10 au soir, d'où il avait expédié un courrier à la Convention, pour lui annoncer qu'il venait de s'emparer de cette capitale. Après cette opération, Pichegru était revenu dans la même nuit à Hall, où il retrouva son armée.

Le lendemain 11, le général Jourdan fit occuper Bruxelles par deux divisions de l'armée de Sambre-et-Meuse (1).

Le 11 juillet 1795 (23 messidor an 3). COMBAT DES COLS DE TANÉE ET DE FRÉJUS.

Armée
d'Italie.

Un corps autrichien, fort de seize cents hommes, attaque le 11 juillet les cols de Tanée et

(1) Nous aurons plus d'une fois, dans le cours de nos Ephémérides, l'occasion de remarquer de pareils traits dans la conduite de Pichegru, dont l'austérité républicaine et la modestie apparente n'étaient chez lui que le manteau de l'ambition la plus démesurée.

de Fréjus, que défendait un bataillon de grenadiers, commandé par le capitaine Gazan (1). Bientôt tournés et enveloppés par leurs nombreux ennemis, les Français sont sommés de se rendre. Gazan, déjà blessé, refuse, et préfère la mort. Ne pouvant plus se défendre, il jette son sabre au milieu des Autrichiens, et s'écrie : *Grenadiers, sauvez mon sabre des mains des esclaves !* Les grenadiers républicains font un dernier effort, ils s'élancent sur l'ennemi, et après un combat acharné, ils le forcent à la retraite.

Le 11 juillet 1800 (22 *messidor an* 8). COMBAT
DE FUESSEN.

Le général Gudin, d'après les ordres du général Lecourbe, qui marchait pour s'emparer du camp retranché de Feldkirch dans le Tirol, se porte sur Fuessen, en chasse les Autrichiens, et continue son mouvement combiné avec celui du général Lecourbe.

> Armée
> du Rhin.

Le 11 juillet 1809. COMBAT DE ZNAÏM ET ARMISTICE ENTRE LES ARMÉES FRANÇAISE ET AUTRICHIENNE.

Battue à Wagram (6 juillet), l'armée au-

> Moravie.

(1) Aujourd'hui lieutenant-général.

trichienne se retira vers la Moravie. Arrivée
à Znaïm sur la Taya, elle prit position et parut
de nouveau vouloir tenter le hasard d'une bataille. Le combat s'engagea dès le matin. Le
duc de Raguse tourna la ville, et le maréchal
Massena s'empara du pont. Diverses escarmouches fort vives, dans lesquelles on prit à
l'ennemi trois mille hommes, deux drapeaux
et trois pièces de canons, eurent lieu jusque
vers midi, où l'empereur Napoléon arriva sur
le champ de bataille. Ayant appris que le prince
Jean de Lichtenstein était entré dans nos postes et demandait, au nom de l'empereur Fran-
çois, une suspension d'armes, il fit cesser le
feu, et l'on s'occupa dès-lors de régler les conditions de l'armistice; il fut conclu au milieu
de la nuit. Les hostilités cessèrent de part et
d'autre; l'armée francaise prit des cantonne-
mens en Moravie et en Hongrie, et Napoléon
retourna à Vienne, où l'on traita de la paix.

Le 11 juillet 1811. COMBAT DU VAL DE OLIVA.

Espagne.

Depuis le 5 juillet, le général Hugo, commandant une brigade d'infanterie, et le général
Lahoussaye, commandant une division de cavalerie de l'armée du centre en Espagne, étaient
à la poursuite du général espagnol Sagas, chef

de l'armée insurgée réunie dans la province de Cuença; le 11, le général Lahoussaye l'atteignit dans la position du val de Oliva, ayant déjà passé le Tage. Notre cavalerie eut bientôt enfoncé les carrés formés par l'ennemi et les sabra opiniâtrément. Les Espagnols cherchèrent leur salut dans une prompte fuite.

Mille prisonniers, dont beaucoup d'officiers, six cents morts, deux cents chevaux, un drapeau et un convoi considérable furent le résultat de cette brillante journée.

~~~~~~~~~~

Le 12 juillet 1793 (24 *messidor an* 1er). REDDITION DE CONDÉ

La place de Condé, bloquée par les Autrichiens depuis le 9 du mois d'avril, après une défense longue et opiniâtre, fut obligée, faute de vivres, de capituler le 12 juillet. Depuis plusieurs jours la famine était parmi les habitans, et les soldats n'avaient que deux onces de pain, deux onces de cheval, une once de riz et une demi-once de suif. Le 13, la garnison, ayant à sa tête le général Chancel, digne en tout de commander de si braves gens, sortit de la place avec tous les honneurs de la guerre et resta prisonnière.

Armée du Nord.

Le 12 juillet 1795 (24 messidor an 3). COM-
BAT DE LIMONE.

Armée
d'Italie.

Le 12 juillet, le général Dallemagne, commandant une partie du centre de l'armée d'I-
talie, fait attaquer les austro-sardes au poste de
Limone. L'adjoint aux états-majors Abbé (1)
commandait un détachement de grenadiers,
chargé de l'expédition. L'ennemi fut surpris,
tourné et enveloppé. Le poste fut enlevé à la
baïonnette, et tout ce qui s'y trouva fut fait prisonnier.

Le 12 juillet 1812. COMBAT SOUS LIRIA.

Espagne.

Dans les premiers jours de juillet, une expédition commandée par le général espagnol
Lascy (2) menaça les côtes du royaume de Valence.

Le maréchal Suchet, parti de Valence, ayant
réuni ses troupes à celles du général Decaen,
se porta sur le point menacé, et par sa présence força l'expédition à s'éloigner. De retour
à Valence, le maréchal trouva les généraux espagnols Villacampa et Bassecourt, qui, profi-

(1) Aujourd'hui lieutenant-général.
(2) Fusillé à Mayorque, en 1817, par ordre du roi d'Espagne actuel, pour avoir fomenté une insurrection en Catalogne.

tant de son absence, attaquaient Liria et les villes voisines. Il envoya contre eux le général Lafosse avec le 121ᵉ régiment, le 8ᵉ napolitain et un détachement de cuirassiers. Vivement attaqué, l'ennemi effectua sa retraite après une perte considérable.

~~~~~~~~~~~~~

Le 13 juillet 1793 (25 *messidor an* 1ᵉʳ). COM-
BAT DE PACY-SUR-EURE.

Les girondins ou fédéralistes proscrits par la convention au 31 mai 93 se réfugièrent, pour la plupart, en Normandie, où, s'étant joints aux royalistes de ce pays et de la Bretagne, ils voulurent marcher sur Paris pour renverser la convention. Le général Félix Wimpfen était à leur tête. Ayant été rencontrés par les troupes que la convention envoyait contre eux, à Pacy-sur-Eure, près Vernon, ils furent mis en déroute dès le premier coup de canon, et s'enfuirent dans le plus grand désordre.

Normandie.

Le 13 juillet 1795 (25 *messidor an* 3). COM-
BAT D'ERMEA.

Le général Dessein, poursuivant l'armée espagnole dans la direction de Vittoria, atteint l'arrière-garde ennemie au village d'Ermea,

*Armée des
Pyrénées
occidentales.*

la met en déroute et s'empare de toute son artillerie, composée de treize pièces de canon.

Le 13 juillet 1796 (25 messidor an 4). COM-
BAT NAVAL PRÈS LES ÎLES D'HYÈRES.

Mer
Méditerra-
née.

Au commencement de juillet 1796, la flotte
de Toulon, composée de dix-sept vaisseaux de
ligne et six frégates, sortit de ce port pour croi-
ser dans la Méditerranée. Le 13 juillet, à la
pointe du jour, étant à trois lieues sud des îles
d'Hyères, elle aperçut à une lieue de distance la
flotte anglaise, forte de vingt-trois vaisseaux
de ligne et plusieurs frégates et corvettes. Trop
faible pour se mesurer avec un ennemi aussi
redoutable, l'amiral Martin, qui commandait
la flotte française, chercha à éviter le combat
et à trouver un refuge vers la côte de Fréjus.
Les Anglais lui donnèrent la chasse, et une canonnade assez vive s'engagea entre notre arrière-garde et l'avant-garde ennemie, qui eut
plusieurs de ses vaisseaux si maltraités, qu'il
fallut leur donner la remorque. *L'Alcide*, qui
faisait partie de notre flotte, le fut tellement,
qu'il ne put soutenir le combat. Au moment où
l'amiral Martin envoyait les frégates *la Justice* et *l'Alceste* pour lui donner la remorque,
le feu s'y manifesta avec tant de violence qu'il

fut impossible d'y porter secours. Au bout d'une demi-heure, *l'Alcide* sauta avec une explosion terrible, la canonnade dura encore quelque tems, et les Anglais ayant enfin discontinué leur poursuite, la flotte française vint en bon ordre jeter l'ancre dans le golfe de Fréjus.

Le 13 juillet 1798 (25 *messidor an* 6). BA-
TAILLE DE CHEBREISSE.

Le combat de Rahmanieh n'était que le pré-
lude d'une affaire plus sérieuse entre l'armée française et celle des Mamloucks, dont le corps battu le 10 juillet n'était que l'avant-garde.

Comme nous l'avons dit au 10 juillet, pendant que l'armée allait à travers le désert d'A-
lexandrie au Kaire, une flottille commandée par le chef de division Pérée remontait le Nil et devait se tenir toujours à portée de l'armée de terre. Mais la flottille, peu maîtresse de ses mouvemens dans un fleuve dont la navigation était inconnue, dépassa la gauche de l'armée d'une lieue et se trouva le 13 juillet en présence de la flottille que les Mamloucks avaient aussi sur le Nil. Attaquée en même tems par les troupes qui montaient cette flottille et par les trou-
pes qui étaient sur la rive du fleuve, la nôtre eut beaucoup à souffrir. Déja l'ennemi s'était

Egypte.

emparé de trois de nos chaloupes canonnières et d'une demi-galère, lorsque le chef de division Pérée, quoique blessé sérieusement au bras, parvint par son intrépidité à reprendre les bâtimens que nous avions perdus et à mettre le feu à l'amiral ennemi. Le général Andréossi commandait l'artillerie de la flottille. Les savans Monge et Bertholet, qui s'y trouvaient, montrèrent pendant toute la durée de l'action un sang-froid et un courage à toute épreuve.

Cependant les Mamloucks, instruits de l'approche de l'armée de terre, cessent le combat sur le Nil et se placent rapidement en bataille, au nombre de deux mille, au village de Chebreisse, leur droite appuyée au Nil et soutenue par huit ou dix grosses chaloupes canonnières et plusieurs batteries élevées sur le rivage. Cette courageuse milice, montée sur les meilleurs chevaux du monde, armée de sabres dont aucune arme européenne n'égale la bonté, couverte d'or et d'argent, attendait impatiemment le combat, espérant vaincre facilement ces soldats français qui ne leur paraissaient mériter que du mépris.

Le général Bonaparte, qui n'avait avec lui que deux cents chevaux, faibles et harassés des fatigues de la mer et des marches dans le désert,

sentit qu'il ne pouvait les opposer à la cavalerie africaïne, et devinant aussitôt la manière
de vaincre les Mamloucks, il ne compta que
sur son infanterie.

En conséquence, il disposa ses cinq divisions
chacune formant un carré en échelons, se flanquant entre elles ayant leurs bagages au centre,
l'artillerie placée aux angles et dans les inter-
valles des carrés. La ligne de bataille, ainsi
placée, s'appuyait par ses deux ailes à deux villages dans lesquels on jeta un grand nombre de
tirailleurs, et par des feux croisés opposait un
invincible obstacle aux charges impétueuses,
mais désunies, des Mamloucks.

Cette impatiente cavalerie inonda bientôt
toute la plaine, et Mourad-Bey, débordant nos
ailes, chercha de tous côtés sur nos flancs et nos
derrières le point faible pour pénétrer dans les
carrés et renverser ces murs de fer et de feu.
On les laisse approcher jusqu'à la portée de la
mitraille, et l'artillerie se démasquant alors,
les disperse et couvre la terre de cadavres d'hommes et de chevaux. Ces hommes remplis de courage, mais ignorans des plus simples manœuvres,
ne forment plus une masse ; les uns continuent
leur charge dans la même direction et sont tués
à bout portant par la mousqueterie ; d'autres,

7

parvenant isolément à tourner les façades des carrés, viennent se ruer sur nos baïonnettes et sont tous massacrés.

Enfin Mourad-Bey, après avoir vu moissonner ses plus braves Mamloucks, abandonne le champ de bataille, couvert de plus de trois cents des siens, et se retire vers le Kaire.

Le succès de la bataille ou plutôt du combat de Chebreisse eut une grande influence sur les habitans de l'Egypte, qui, d'après l'opinion des Mamloucks, croyaient les Français incapables de résister à cette milice. Dès ce moment ils furent moins disposés à la résistance, et portèrent vers l'armée française la confiance que jusque là ils avaient eu dans la puissance des Mamloucks. Ceux-ci même commencèrent à sentir quelque terreur des Français, et le général Bonaparte, en donnant à son armée, par une heureuse innovation, la force et la masse impénétrable de la phalange macédonienne, lui inspira une telle assurance, qu'on put dès-lors regarder comme assurée la conquête de l'Egypte.

Le 13 juillet 1800 (24 *messidor an* 8). COMBAT ET PRISE DE FELDKIRCH.

Armée du Rhin.

Le général Lecourbe, dans l'intention de s'emparer de Feldkirch dans le Tirol, où les

Autrichiens avaient un camp retranché, conservant ainsi des communications faciles entre la Haute-Italie et leur armée de Bavière, fut détaché de l'armée du Rhin par le général Moreau. Pendant qu'il fait tourner au loin cette position vers le pied des hautes montagnes du Vorarlberg, par Schwartzenberg et Mellau, par la division du général Laval, il marche directement sur Feldkirch avec la division Molitor, par la chaussée de Bregentz. Les avant-postes qui gardaient les premiers retranchemens, à trois lieues de la position principale, furent successivement enlevés. A une lieue de Feldkirch, les Autrichiens firent plus de résistance, et ce ne fut qu'après un combat long et opiniâtre que nos troupes parvinrent à les replier jusque sous le canon des redoutes établies sous cette ville. La nuit mit fin au combat. Le général Jellachich, qui défendait ces derniers retranchemens, ayant appris l'approche du général Laval, qui menaçait de l'envelopper, fit sa retraite pendant la nuit, et le 14 au matin le général Molitor prit possession de Feldkirch.

Le général Lecourbe faisait ses dispositions pour pénétrer dans l'Engadin, lorsqu'il reçut la nouvelle de l'armistice qui fut conclu le 15 juillet entre le général Moreau et le général

Kray, et suspendit les opérations de l'armée du Rhin.

~~~~~~~~~~~

Le 14 juillet 1792. REDDITION D'ORCHIES.

Armée du
Nord.

Le général Dumouriez venait de quitter le ministère et de remplacer le maréchal de Luckner dans le commandement de l'armée du Nord, lorsqu'un corps de cinq mille Autrichiens, parti de Tournay, vint dans la nuit du 13 au 14 juillet attaquer la petite ville d'Orchies, qui n'était défendue que par un bataillon et deux pièces de canon. Malgré la vigoureuse résistance que fit le commandant Desmarest, il fallut céder au nombre, et les Français évacuèrent la place à la pointe du jour. Dumouriez ayant appris cet événement, fit partir sur-le-champ du camp de Maulde, où il se trouvait, le général Marassé avec des forces suffisantes, et Orchies fut réoccupé par les Français le lendemain du jour où ils furent contraints de le céder aux Autrichiens.

Le 14 juillet 1794 (26 *messidor an 2*). COMBATS DU PLATZBERG ET DE TRIPSDADT.

Armée du
Rhin.
*de la
Moselle*

Comme nous l'avons vu au 3 juillet, le général Michaud (1), commandant l'armée du

(1) Aujourd'hui lieutenant-général en retraite.

Rhin, après avoir reçu un renfort de dix mille hommes venant de l'armée de la Moselle (ce qui porta sa force à vingt-huit mille hommes), reprenant l'offensive devant l'armée prussienne, avait par le succès des combats de Freybach, Hambach et Hochstedt, préludé à de plus grands avantages. Résolu de repousser sur le Rhin l'armée ennemie, il fit ses préparatifs le 13 juillet, et replia ce jour-là les divers postes avancés de l'ennemi.

Les Prussiens, dont l'armée était d'un tiers plus forte que l'armée française, occupant une ligne très - étendue de plus de quinze lieues, s'étaient retranchés vers leur centre sur le haut du Platzberg, montagne la plus élevée du duché de Deux-Ponts, et couverte de redoutes et d'abattis ; ils s'y croyaient inexpugnables. Vers leur droite, ils tenaient la position de Tripstadt, en avant de Kayserslautern, et là encore ils avaient employé pour s'y retrancher tout ce que l'art peut fournir de ressources.

Le 14 juillet, à la pointe du jour, le général Michaud fit attaquer l'ennemi sur toute la ligne. Pendant que le général Desaix faisait une fausse attaque sur l'extrême gauche des Prussiens, et par-là les tenait en échec, les troupes aux or-

dres des généraux Saint-Cyr (1), Desgrange et Siscé se portaient sur le Platzberg. Sous le feu meurtrier d'une nombreuse artillerie, les Français, la baïonnette en avant, gravissent cette montagne ardue, et aux cris de *vive la république !* ils en atteignent le sommet. Après un combat sanglant, les Prussiens sont mis en déroute et abandonnent la position, laissant au pouvoir des républicains neuf bouches à feu et un grand nombre de blessés et de tués ; parmi ces derniers se trouva le major-général Pfau, qui les commandait.

La prise de ce poste important entraîna celle de la montagne de Saukolp, point également essentiel et qui fut enlevé par le général de brigade Sibaud.

Lorsque ceci se passait vers la droite et le centre de l'armée française, la gauche obtenait de pareils succès. Les Prussiens, attaqués à Tripstadt, se défendaient vigoureusement. Trente pièces d'artillerie tonnaient sur les républicains, qui n'avaient que leurs baïonnettes, et leur causaient un grand dommage ; mais enfin le général de division Taponnier, étant parvenu à s'emparer d'une redoute armée

(1) Aujourd'hui maréchal de France, pair et ministre de la guerre.

de huit pièces de canon, en tournant Tripstadt, les tourna contre l'ennemi et mit ainsi plus d'é-galité dans le combat. Toute notre infanterie se porta alors au pas de charge sur les Prussiens, qui ne résistèrent pas à ce terrible choc. Ils furent rompus, mis en déroute, leurs canonniers ha-chés sur leurs pièces, et toutes leurs positions, leur artillerie, restèrent en notre pouvoir. La nuit ayant empêché les Français de poursuivre les vaincus, le combat cessa sur toute la ligne, après avoir duré dix-neuf heures. L'armée en-nemie perdit dans cette journée quatre mille cinq cents hommes tués, beaucoup de blessés, mais peu de prisonniers. Une de ses compa-gnies de grenadiers déserta tout entière. La perte des Français fut beaucoup moindre : ils perdirent trois pièces de canon que le colonel d'artillerie Ferveur engagea imprudemment.

Les Prussiens, en pleine déroute, firent leur retraite au milieu de la nuit, et le lendemain ils évacuèrent Neustadt et Spire, dont nos trou-pes s'emparèrent.

Le 14 juillet 1796 (26 messidor an 4). COMBATS ENTRE LE NECKER ET LA KINTZIG.

Après la bataille d'Etlingen (9 juillet), le général Moreau fit attaquer l'armée autri-chienne, qui était en retraite sur tous les points.

Armée de Rhin-et-Mo-selle.

Les généraux Jordy, Abatucci, Gudin, Vandamme et le chef de brigade Laval chassèrent l'ennemi de toutes les positions où ils le rencontrèrent, et lui firent éprouver des pertes considérables en tués et prisonniers.

Le 14 juillet 1808. BATAILLE DE MEDINA DEL RIO-SECCO (1).

Espagne.

Lorsque les premières hostilités commencèrent en Espagne en 1808, l'armée française stationnée dans ce royaume ne s'élevait pas au-dessus de soixante - quinze mille hommes. L'empereur Napoléon, aveuglé par de fausses notions sur le caractère de la nation espagnole, avait d'abord pensé qu'ayant déjà pour lui le roi Charles IV, le prince de la Paix, et quelques milliers d'hommes attachés à la vieille cour, il lui suffisait de cette armée pour s'assurer de la péninsule. Plus tard, lorsque retenant captive la famille royale d'Espagne, il eut donné à ce pays son frère pour roi, il espéra qu'il n'aurait affaire qu'à un peuple faible, sans énergie, qui, se voyant privé de ses chefs, préférerait le gouvernement d'un étranger au fléau d'une guerre dans le sein même de la patrie. L'Europe, vaincue par les armées françaises,

(1) Ouvrages publiés. — Journaux français et étrangers. — Notes et Mémoires manuscrits.

crut avec Napoléon que les Espagnols allaient
aussi être asservis sans qu'il y eût aucune lutte.
Une révolution générale, inattendue, sponta-
née, terrible, vint dessiller les yeux de l'Europe
et de Napoléon, et commença cette guerre
d'extermination, cause première de la chute
du colosse impérial. Tant sont puissans chez
une nation généreuse l'amour de la patrie et
la haine de l'oppression étrangère !

L'insurrection de Madrid (2 mai) fut le signal d'une insurrection générale dans toute
l'Espagne. La capitale étant au pouvoir des
Français, une junte suprême, représentant le
gouvernement, s'établit à Séville en Andalousie, et organisa dans toutes les provinces l'insurrection, que ses proclamations déclarèrent
sainte et du devoir de tout Espagnol (1). Bien-

(1) Les prêtres et les moines, par le fanatisme qu'ils surent
inspirer au peuple, furent les principaux soutiens de la persévérance espagnole. Tous les moyens étaient employés pour
exciter à la haine contre les Français. Le clergé composa un
catéchisme pour la circonstance, que les parens furent dans
l'obligation d'enseigner à leurs enfans. Nous allons en citer
quelques passages, extraits de l'extrait qu'en donne M. de
Naylies.

« Dis-moi, mon enfant, qui es-tu ? — Espagnol, par la
grâce de Dieu. — Que veut dire Espagnol ? — Homme de
bien. — Quel est l'ennemi de notre félicité ? — L'empereur
des Français. — Quel est cet homme-là ? — C'est un méchant,

tôt il n'y eut pas un village qui n'eût aussi sa
junte patriotique, et l'Espagne offrit un spectacle semblable à celui de la France, lorsqu'en
1793 tout était couvert de corps délibérant sur
les dangers de la patrie. Le peuple, ne connais-
sant plus de frein, insultait, chassait ou égor-
geait tout ceux qui essayaient de l'éclairer ou de
le calmer. Les plus monstreuses atrocités furent commises sur la personne de tous les Français dont on put s'emparer. A Valence, sur-
tout, le peuple égorgea tous les fils et arrière-
petits-fils de Français établis dans cette ville
depuis plus d'un siècle. Ce fut au milieu de cet

principe de tous les maux, fin de tous les biens, le composé
et le dépôt de tous les vices. — Combien a-t-il de nature? —
Deux, une diabolique et une autre humaine. — Combien y
a-t-il d'empereur? — Un véritable, en trois personnes trompeuses. — Qui sont-elles? — Napoléon, Murat et Godoy (le
prince de la Paix). — Sont-ils plus méchans l'un que l'autre?
— Non, mon père; ils le sont tous également. — De qui pro-
vient Napoléon? — Du péché. — Murat? — De Napoléon. —
Et Godoy? — De l'intrigue des deux. — Que sont les Français? — D'anciens chrétiens et des hérétiques modernes. —
Quelle peine mérite un Espagnol qui manque à ses justes de-
voirs? — L'infamie et la mort réservée aux traîtres. — Quelle
doit être la politique des Espagnols? — Les maximes de Jésus-
Christ. — Qui peut nous délivrer de nos ennemis? — L'union
et les armes. — Est-ce un péché d'assassiner un Français? —
Non, mon père; on fait une œuvre méritoire en délivrant la
patrie de ces insolens oppresseurs? »

horrible incendie qui devait ravager l'Espagne, que le nouveau roi Joseph Bonaparte fit son entrée dans sa capitale, qui, pendant cinq ans, fut souvent les bornes de son royaume.

Aux troupes de ligne espagnoles qui se trouvaient encore dans la péninsule, se joignirent les troupes de nouvelles levées chez lesquelles l'exaltation et la soif de vengeance tenaient lieu d'expérience et d'habileté. De nombreuses armées couvrirent bientôt l'Espagne, et confiante dans leur nombre et dans leur cause, elles cherchèrent partout les Français.

Cependant, au premier signal du danger, l'armée française s'était mise en mouvement dans toutes les directions pour arrêter les progrès de l'insurrection. Pendant tout le mois de juin 1808, différentes actions eurent lieu dans toutes les provinces; mais elles furent de peu d'importance, et presque toutes à l'avantage des Français. Les plus remarquables furent la prise de Cordoue par le général Dupont, l'attaque infructueuse du maréchal Moncey sur Valence, et le commencement du premier siége de Saragosse. Vers le commencement de juillet, le maréchal Bessières ayant appris que le général espagnol Cuesta, ayant réuni un corps de quarante-cinq mille hommes (réunion la plus

considérable qui eût encore existé), débouchait de la Galice et marchait sur Valladolid,
résolut de le prévenir. Il se porta en conséquence à sa rencontre avec un corps de quatorze mille hommes, composé des divisions
d'infanterie des généraux Mouton et Merle, et
de la division de cavalerie aux ordres du général Lasalle.

Le 14 juillet, à la pointe du jour, l'armée
française trouva l'armée espagnole en position
sur les hauteurs de Medina del Rio-Secco.
Sans s'étonner du nombre des ennemis, le maréchal Bessières ordonne aussitôt l'attaque au
général Darmagnac, et l'action s'engage sur
toute la ligne. Pendant six heures on combat
vaillamment de part et d'autre. Les gardes
wallonnes et quelques vieux régimens espagnols
se défendent vigoureusement, mais ne sont
pas soutenus par les troupes de nouvelles levée. Enfin, après un combat sanglant, le nombre cède à l'habileté et à l'audace : toutes les
positions de l'ennemi sont enlevées; Rio-Secco
est emporté à la baïonnette par le général
Mouton, malgré le feu que les moines et les
habitans font par les fenêtres des maisons, et
cette nombreuse armée fuit dans la déroute la
plus désordonnée devant la petite armée fran-

çaise, abandonnant toute son artillerie, composée de quarante bouches à feu. Notre cavalerie, qui déjà avait plus d'une fois rompu les lignes ennemies, fit alors un horrible carnage de ces fuyards errant à l'aventure, et les poursuivit long-tems sur la route de Benavente, par où se retiraient les débris de l'armée vaincue.

Dans cette sanglante journée, la perte des Espagnols fut immense ; on a écrit, et plusieurs témoins dignes de foi l'attestent, que les curés des paroisses voisines rapportèrent au maréchal Bessières avoir enterré plus de vingt-sept mille cadavres. Celle des Français ne s'éleva pas au-delà de trois mille tués ou blessés. Le général Darmagnac fut du nombre des derniers, et le colonel Piéton, du 22ᵉ de chasseurs à cheval, officier de mérite, y fut tué. L'adjudant-commandant Guilleminot (1), s'y distingua particulièrement. Les 10ᵉ et 22ᵉ régimens de chasseurs à cheval contribuèrent principalement par leurs charges brillantes et heureuses au succès de la journée.

Parmi les bagages que laissèrent les vaincus sur le champ de bataille, on trouva une grande quantité de cordes et de fers que les soldats es-

(1) Aujourd'hui lieutenant-général, chargé de la démarcation de nos frontières.

pagnols, comptant sur la victoire, avaient rassemblé pour enchaîner les prisonniers.

En apprenant la victoire de Medina del Rio-Secco, qui ouvrit au roi Joseph le chemin de Madrid, Napoléon s'écria : *C'est la bataille de Villaviciosa* (1); *Bessières a mis Joseph sur le trône.* Mais cette prophétie ne s'accomplit que d'une manière bien précaire, et cinq cent mille Français devaient périr en Espagne, sans pouvoir consolider ce trône, qui, dans sa courte durée, fut toujours chancelant.

Le 15 juillet 1793 (27 messidor an 1er). COMBAT
DE MARTIGNÉ-BRIAND.

Vendée.

Après la reprise de Châtillon (5 juillet), le général Labarolière ayant réuni cinq à six mille hommes, se porte sur Martigné-Briand. Les Vendéens, au nombre de quinze mille, viennent l'y attaquer, commandés par leurs principaux chefs. Ils obtiennent d'abord quelques succès; mais ils sont bientôt enfoncés par les républicains, et obligés de prendre la fuite.

(1) Bataille que gagna le duc de Vendôme sur l'armée de l'archiduc, compétiteur de Philippe V, et qui consolida celui-ci sur le trône d'Espagne. (Guerre de la Succession, en 1710.)

Le 15 juillet 1794 (27 messidor an 2). COMBAT
ET PRISE DE MALINES.

Après l'occupation de Bruxelles (11 juillet),
l'armée du Nord, sous les ordres de Pichegru,
marcha sur Malines, défendu par les Hollandais et les Hanovriens. Après un combat opiniâtre derrière le canal de Louvain, l'ennemi
fut culbuté, et les Français entrèrent dans Malines par-dessus les remparts, et en enfonçant
les portes.

*Armée
du Nord.*

Le 15 juillet 1794 (27 messidor an 2). COMBAT
DE LA MONTAGNE DE FER ET PRISE DE
·LOUVAIN.

Au moment où l'armée du Nord marchait sur
Malines, celle de Sambre-et-Meuse, commandée par le général Jourdan, se portait aussi en
avant, la droite à Namur et la gauche vers Louvain. Le 15 juillet, le général Kleber ayant rencontré en avant de cette ville les Autrichiens retranchés sur la montagne de Fer, les chassa de
cette position et s'avança jusque sous les murs de
Louvain. Ayant trouvé les portes barricadées,
il les fit briser à coups de hache, et un combat
opiniâtre s'engagea dans les rues. Après une
longue résistance, les Autrichiens plièrent, et
laissèrent la ville au pouvoir des Français.

*Armée de
Sambre-et-
Meuse.*

Le 15 juillet 1799 (27 *messidor an* 7).
REDDITION DU FORT D'ABOUKYR.

Armée
de
Sambre-et-
Meuse.

Le général Bonaparte, après son expédition de Syrie, venait de partir du Kaire pour marcher contre Mourad-Bey et ses Mamloucks, qui s'étaient avancés jusqu'aux pyramides de Giseh, du côté du désert, lorsqu'il reçut d'Alexandrie l'avis qu'une flotte turque de cent voiles avait mouillé le 11 juillet dans la rade d'Aboukyr (où périt notre flotte un an auparavant), et que dans le même moment un corps de trois mille Turcs étant débarqué avec de l'artillerie, attaquait la redoute et le fort d'Aboukyr. Le général français donna aussitôt ses ordres pour que les troupes dispersées se réunissent, afin de s'opposer aux projets de l'ennemi ; mais déjà il n'était plus tems.

Le 15 juillet, le fort et la redoute d'Aboukyr furent attaqués à-la-fois par mer, et investis du côté de la terre par les troupes débarquées. Les trois cents Français qui composaient la garnison, commandés par les chefs de bataillon Godard et Vinache, jurèrent de s'ensevelir sous les ruines plutôt que de se rendre. Pendant toute la journée, ils se battirent avec un acharnement qui tenait du désespoir, et peut-être eussent-ils forcé les Turcs à discontinuer leur attaque, si un caisson qui renfermait les poudres n'eût fait explosion, vers les quatre heures du soir, dans la redoute où commandait le chef de bataillon Godard, et ne l'eût ainsi privé de ses munitions. Les Turcs profitèrent aussitôt de cette circonstance et montèrent à l'assaut ; les Français ne pouvant plus se défendre, la redoute fut prise, et tout ce qui s'y trouva fut égorgé.

La redoute prise, le fort n'avait plus de ressources, cependant il soutint encore un siége de deux jours, au bout desquels le chef de bataillon Vinache, qui n'avait avec lui que trente-cinq hommes, n'étant pas secouru, et commençant à être bombardé du côté de la mer, capitula et fut fait prisonnier.

L'armée turque n'éprouvant plus d'obstacle, débarqua en entier, et au lieu de marcher sans retard sur Alexandrie, dépourvue de troupes suffisantes, elle s'amusa à se retrancher. Cette nonchalance et cette inhabileté donnèrent le tems au général Bonaparte de rassembler ses forces, et de livrer la célèbre bataille d'Aboukir.

Le 15 *juillet* 1800 (26 *messidor an* 8). Armistice entre les armées autrichienne
et française en allemagne.

Armée
du Rhin.

Le général Moreau, après avoir chassé l'armée autrichienne de la Bavière, par suite de
la bataille d'Hochstedt (19 juin), et des combats d'Oberhausen et de Landshut (27 juin et
9 juillet), conclut un armistice avec le général
en chef Kray, qui suspendit les hostilités en
Allemagne, comme elles étaient suspendues en
Italie depuis l'armistice conclu après la bataille de Marengo entre le premier consul Bonaparte et le général autrichien Mélas.

Le 16 *juillet* 1794 (16 *messidor an* 2). Siége
et prise de landrecies.

Armée de
Sambre-et-
Meuse.

La victoire de Fleurus (26 juin) et les succès
de l'armée du Nord avaient contraint l'armée
coalisée à évacuer promptement le territoire
français, et de se retirer fort avant dans la
Belgique. Cette retraite précipitée laissait à découvert les places de Condé, Valenciennes, le
Quesnoy et Landrecies, dont l'ennemi s'était
emparé, et qu'il conservait depuis l'année précédente. L'attaque prompte et successive de
toutes ces forteresses fut résolue. L'armée du

Nord fut chargée d'assiéger Valenciennes et Condé ; celle de Sambre-et-Meuse fut réservée pour Landrecies et le Quesnoy. La Convention nationale voulut essayer si la terreur qu'elle exerçait avec tant de rigueur à l'intérieur ne pourrait pas, à l'extérieur, devenir un puissant auxiliaire pour le succès de ses armes. En conséquence elle rendit un décret portant : *Que les quatre grandes places françaises seraient sommées de se rendre à discrétion , et que dans le cas de refus après un délai de vingt-quatre heures , les garnisons ennemies seraient passées au fil de l'épée.*

On n'avait cependant pas assez de forces disponibles pour faire les quatre siéges à-la-fois. On se contenta donc de commencer par celui de Landrecies.

Cette place fut investie le 3 juillet par une division aux ordres du général Jacob, qui fit une tentative infructueuse pour s'en emparer. Le général Ferrand ayant réuni douze à treize mille hommes, l'artillerie et les ingénieurs nécessaires, commença une attaque plus sérieuse.

Dans la nuit du 9 au 10 juillet on ouvrit la tranchée, et le chef de bataillon du génie Marescot (1) porta tout d'abord la première pa-

(1) Aujourd'hui lieutenant-général.

rallèle à cent cinquante toises des palissades, malgré le feu terrible de la garnison, qui tirait à découvert sur nos travailleurs. Le 13 juillet, le général Ferrand étant tombé malade, le général Scherer prit le commandement du siége, et continua activement les travaux.

Dans la nuit du 15 au 16, les batteries étant prêtes, à deux heures du matin le général Scherer fit sommer le commandant de la place de se rendre à discrétion, et lui donna en même tems connaissance du décret de la convention nationale. En vain ce gouverneur voulut entrer en négociation pour obtenir une capitulation moins humiliante. Il lui fut accordé une heure, à l'expiration de laquelle les batteries devaient tirer. Il n'attendit pas ce délai, consentit à tout ce qui lui fut prescrit, et subit la loi du vainqueur. On trouva dans la place quatre-vingt-douze bouches à feu et quelques approvisionnemens de bouche et de guerre.

Le 16 juillet 1796 (28 *messidor an* 4). PRISE DE FRANCFORT-SUR-LE-MEIN.

Armée de Sambre-et-Meuse.

Après les combats de Camberg et d'Ober-Merle (9 juillet), l'armée de Sambre-et-Meuse continua son mouvement offensif. Le général Kleber s'avança le 12 juillet jusque sous les murs de Francfort, et fit sommer la ville de se rendre. Sur un premier refus, il la fit bombarder le 13 ; enfin, on entra en accommodement, et Francfort fut remis au pouvoir des Français le 16 juillet au matin.

Le 16 *juillet* 1808. COMBAT DE MENGIBAR.

Lorsque l'insurrection espagnole se manifesta, le général Dupont marcha sur l'Andalousie avec l'armée sous ses ordres. Après la prise de Cordoue, il vint prendre position à Andujar, sur la rive droite du Guadalquivir, pour conserver ses communications avec Madrid, attendant pour agir une de ses divisions, laissée à Tolède. Cependant le général espagnol Castanos ayant réuni une armée de quarante mille hommes, composée presque toute de troupes de ligne, se porta sur le Guadalquivir pour y chercher les Français. Malgré sa supériorité numérique, n'ayant pu forcer le passage du fleuve à Andujar, il détacha le général Reding pour opérer sur Mengibar, qu'occupait la division du général Vedel, faisant partie du corps du général Dupont. Cette division ayant eu l'imprudence de quitter sa position à l'approche de l'ennemi, celui-ci s'en empara, malgré les efforts que fit le général Liger-Be-

Espagne.

lair, qui s'y maintint quelque tems avec un faible détachement. Le général Gobert, qui arrivait dans le même instant de la Caroline, fût
peut-être parvenu à reprendre la position, s'il
n'eût été aussitôt atteint d'un coup mortel. Sa
mort mit de l'hésitation parmi ses soldats, et
nos troupes se replièrent sur Baylen.

Le 17 juillet 1793 (29 *messidor an* 1er). Combat
DU MAS-DE-SERRE.

Armée des
Pyrénées
orientales.

Le 17 juillet, l'armée espagnole, forte de
plus de vingt-cinq mille hommes, attaque les
Français, fait d'abord replier leurs avant-postes
jusque dans leurs camps, et prend position sur
les hauteurs du Mas-de-Serre. Les Français,
revenus de leur première surprise, quoiqu'en
nombre bien inférieur, prennent à leur tour
l'offensive, et attaquent les Espagnols dans leur
nouvelle position. Le combat fut opiniâtre;
mais enfin le courage du plus petit nombre
l'emporta, et l'ennemi fut mis en déroute et
en fuite, laissant plus de mille tués ou blessés en notre pouvoir. Le succès de cette journée fut dû principalement au colonel Péri-
gnon (1), qui combattit toute la journée avec la

(1) Aujourd'hui maréchal de France, pair et gouverneur
de la 1re division militaire.

plus grande valeur, tantôt comme général, tantôt comme soldat.

Le 17 juillet 1794 (29 messidor an 2). PRISE
DE NAMUR.

Pendant que l'aile droite de l'armée de Sambre - et - Meuse s'emparait de Louvain (15 juillet), le général Hatry, commandant l'aile droite, s'approchait de Namur et investissait cette place. Les Autrichiens ayant déjà évacué la ville, n'avaient laissé que quatre cents hommes dans le château. Après plusieurs pourparlers, le commandant se rendit prisonnier de guerre avec sa garnison le 17 juillet. On trouva dans Namur cinquante-une pièces de canon et des magasins considérables.

Armée de Sambre-et-Meuse.

Le 18 juillet 1793 (30 messidor an 1ᵉʳ). COMBAT
DE VIHIERS.

Le général Santerre (1), commandant l'armée républicaine dans la Vendée, est attaqué par l'armée vendéenne dans la position de Vihiers. Il est enfoncé, et une terreur panique s'emparant de ses soldats, ils fuient dans la dé-

Vendée.

(1) Le même qui était commandant de la garde nationale parisienne lors de la mort de Louis XVI.

route la plus complète jusqu'à Saumur, où ils se rallièrent.

Le 18 juillet 1794 (30 messidor an 2). SIÉGE ET PRISE DE NIEUPORT.

Armée du Nord. Pendant que le gros de l'armée du Nord s'avançait en Belgique, et s'emparait de Malines (15 juillet), le général Moreau, avec une division, avait été laissé par Pichegru pour faire le siége de Nieuport, défendu par trois mille cinq cents hommes de garnison anglaise et hanovrienne. Le 5 juillet l'investissement fut complet, et le 12 la tranchée fut ouverte.

Quelques jours suffirent au chef de bataillon Dejean (1), commandant le génie pour amener à leur point de perfectionnement tous les travaux entrepris autour de la place de Nieuport. Le 17, les batteries autour de la place étant achevées, firent un feu violent et soutenu sur les diverses attaques. Il dura toute la journée, et finit par faire taire celui de l'ennemi, qui, vers les sept heures du soir, arbora le pavillon blanc. La capitulation fut signée le 18, et nos troupes prirent possession de la place.

(1) Aujourd'hui lieutenant-général.

Le 18 juillet 1796 (3o *messidor an* 4). COMBAT
ET PRISE DE STUTTGARD.

L'armée de Rhin-et-Moselle, après la bataille d'Etlingen (9 juillet), poursuivant ses succès, forçait l'armée autrichienne à une retraite quotidienne. Le centre de cette armée, commandée par le général Saint-Cyr, se porta le 18 juillet sur Stuttgard : ayant rencontré l'arrière-garde ennemie en avant de cette ville, il l'attaqua avec vigueur, la repoussa jusque dans Stuttgard, et l'en chassa, malgré la plus vive résistance.

Armée de Rhin-et-Moselle.

Le 18 juillet 1805 (29 *messidor an* 13). COMBAT DE LA FLOTTILLE FRANCO - BATAVE CONTRE LA CROISIÈRE ANGLAISE.

Depuis 1804, l'armée française, réunie dans les camps de Boulogne et de Bruges, garnissait les côtes de la Manche, et menaçait de porter la guerre au sein même de l'Angleterre. Soit qu'une descente entrât réellement dans les projets du premier consul Bonaparte, qui venait de monter sur le trône impérial, soit plutôt que ses démonstrations hostiles contre l'éternel ennemi de la France ne fussent qu'un prétéxte pour augmenter, rassembler son ar-

Camps de Boulogne.

mée, et la porter plus promptement ensuite
en Allemagne, où il pouvait prévoir une nouvelle guerre, tous les moyens nécessaires à une
expédition d'outre-mer furent préparés dans
les ports les plus rapprochés des côtes d'Angleterre. Une innombrable quantité de bâtimens
de guerre et de transport de toute dimension,
réunis dans ces ports, reçurent à leurs bords
nos troupes de terre, qui, chaque jour, s'essayaient aux manœuvres de mer, et souvent
allaient affronter les plus gros vaisseaux anglais en croisière devant nos côtes.

La république batave, alliée de la république française, avait joint à notre armée ses
flottes et ses marins.

Le 3e corps d'armée, sous les ordres du maréchal Davout, ayant fait un mouvement pour
se porter du camp près d'Ostende à celui d'Ambleteuse, une partie de la flottille batave, montée par des troupes françaises stationnées dans
la rade de Dunkerque, mit à la voile le 17 juillet pour se rendre à la même destination. Elle
était composée de trente-deux chaloupes canonnières et de quatre prames; le vice-amiral
Verhuell, ministre de la marine batave, commandait l'expédition.

A la hauteur de Gravelines, quinze bâtimens

ennemis, dont six frégates et neuf corvettes, engagèrent une vive canonnade à petite portée, et convoyèrent ainsi notre flottille jusqu'à la hauteur de Calais, où notre feu les força à prendre le large.

La flottille mouilla devant Calais ; le lendemain matin le maréchal Davout, à qui tous les genres de courage sont familiers, après avoir disposé sur tous les points de la côte qui en étaient susceptibles les meilleurs moyens de défense et de protection pour la flottille, vint à son bord, et voulut monter la chaloupe canonnière de l'amiral pour assister au combat que la présence et l'approche de l'ennemi rendaient inévitable.

A cinq heures du matin, dix-neuf bâtimens anglais, dont deux vaisseaux de ligne, onze frégates et six bricks vinrent attaquer en rade, et pendant deux heures la canonnade fut des plus vives. L'ennemi alors s'éloigna, faisant route le cap à l'ouest, dans la direction que la flottille, qui venait d'appareiller, semblait prendre, et dans l'intention de l'arrêter au cap Grinez, qu'elle devait doubler pour arriver à Ambleteuse. Ce fut vers les quatre heures après midi, par le travers de la tour de Wuissant, où l'enfoncement de la côte n'offre aucune protection, que l'ennemi commença sur la tête de la flottille, où se trouvait l'amiral, une attaque sérieuse à mitraille. Un brick et une frégate s'engagèrent de très-près en serrant la terre ; mais la batterie de terre du Haut-Grinez ouvrit un feu si vif et si bien dirigé que les bâtimens furent contraints de rallier leur ligne. Le passage, sous le cap Grinez, fut chaud et brillant, tous les bâtimens ennemis portant sur le cap et croisant leur feu; deux vaisseaux et une frégate s'approchèrent du cap à portée de la mousqueterie, au point qu'on entendait les *houras* des équipages. Ils furent repoussés par le feu des batteries, et reprirent le large. Toute la flottille doubla alors, sans autre accident que l'échouage de trois canonnières. La flotte ennemie, prolongeant la côte, canonna vivement à mitraille, jusque devant Ambleteuse, où, ne pouvant soutenir plus long-tems le feu de nos batteries de terre et de la flottille, elle cessa le combat, et se laissa dériver vers les huit heures du soir.

Dans ce combat naval, où nos troupes faisaient l'apprentissage d'un genre de guerre nouveau pour elle, elles montrèrent le même courage, la même ardeur qui, si souvent, les avaient illustrées sur terre. L'ennemi, quoique

beaucoup plus fort par la grandeur de ses bâtimens, ne put se rendre maître d'aucun des
nôtres; il éprouva de fortes avaries qui néces-
sitèrent le départ de plusieurs de ses vaisseaux
pendant la chaleur du combat, et ne put empêcher que tout le reste de la flottille n'arri-
vât le lendemain de Dunkerque dans la rade
d'Ambleteuse.

Le 18 juillet 1806. SIÉGE ET PRISE DE GAETE.

Après la campagne d'Autriche en 1805, l'em- Armée de
pereur Napoléon étant encore au château de Naples.
Schœnbrunn, près de Vienne, se voyant, par
suite de la victoire d'Austerlitz, libre d'exécuter les projets que depuis long-tems il avait
formés sur le royaume de Naples, rendit un décret par lequel la maison de Bourbon, qui occupait ce trône, avait, disait-il, cessé de régner. Une armée française, sous les ordres du
général Massena, fut chargée de l'exécution du
décret, et d'ouvrir au nouveau roi Joseph Bonaparte les portes de son palais. Le roi dépos-
sédé se retira en Sicile, et partout où se trouvaient les troupes françaises l'autorité du nouveau souverain fut reconnue; mais la Calabre
et les forteresses résistèrent, et la force des
armes fut aussitôt mise en usage. Celle de

Gaëte était commandée par le prince de Hesse-Philipstadt, qui, ayant rejeté toute proposition, se prépara à bien défendre une place dont les fortifications redoutables la rendaient un des plus forts boulevarts du royaume.

Seize mille Français, commandés par le maréchal Massena en personne, furent chargés d'en faire le siége, et le général Vallongue, officier du plus grand mérite, dirigeait les troupes du génie. Gaëte occupe une presque île qui ne tient au continent que par une langue de terre très-étroite ; du côté de l'ouest et du sud sont des rochers escarpés et inabordables ; la seule partie de la place qui regarde la face de l'isthme est susceptible d'être attaquée avec quelque espoir de succès par un assiégeant qui n'est point maître de la mer. Elle présente un amphithéâtre de feux convergens vers le terrain étroit où les attaques peuvent être dirigées. Lorsque les Français s'en approchèrent vers le milieu de février 1816, sa garnison était de huit à neuf mille hommes, pouvant être ravitaillée chaque jour par les Anglais, qui tenaient la mer. Le maréchal Massena, n'ayant encore aucun équipage de siége, se borna à un exact blocus du côté de la terre, sans tirer un seul coup de canon.

Cependant l'artillerie nécessaire étant arrivée, les travaux d'attaque commencèrent, et le 7 juillet les batteries étant convenablement établies, le feu le plus vif fut dirigé sur la place. Les assiégés, qui avaient plus de cent bouches à feu vis-à-vis le front d'attaque, firent tous leurs efforts pour éteindre notre feu, mais ne purent y parvenir.

Malgré la difficulté de conduire les attaques dans les rochers, qui se montraient souvent à nu, le sixième jour deux brèches furent pratiquées; et deux jours après, ayant paru d'un accès facile, on se préparait à l'assaut lorsque la garnison demanda à capituler. La capitulation fut signée le 18 juillet. Le 10 juillet, le prince de Hesse-Philipstadt, blessé d'un éclat de bombe, avait quitté la place pour se rendre en Sicile, où il mourut quelques jours après.

Parmi les pertes que firent les assiégeans, l'armée regretta le général de brigade Grigny et le général Vallongue, qui tous deux furent tués pendant le siége. Ce dernier, un des officiers les plus distingués de son arme, avait préparé avec un rare talent toutes les attaques du siége, et périt au moment où le succès le plus brillant allait couronner ses travaux. Le général Campredon, qui lui succéda dans le commandement du génie, acheva les ouvrages; et, plus heureux que son prédécesseur, eut la satisfaction de voir tomber devant lui la place assiégée.

Le 18 juillet 1812. COMBAT DE CASTREJON.

Espagne.

Le maréchal Marmont, qui avec son armée, était en position sur la rive droite du Douero, ayant appris que lord Wellington, sorti de Portugal, s'avançait par la rive gauche, passe ce fleuve le 17 juillet au pont de Tordesillas, et marche à sa rencontre. Le général Clausel atteint les Anglais dans leur belle position sur la Guarena, près de Castrejon, et les attaque aussitôt; mais n'étant pas soutenu, il est obligé de se retirer sur le gros de l'armée.

Le 19 juillet 1794 (1er *thermidor an* 2). COMBAT DE TIRLEMONT.

Armée de
Sambre-et-
Meuse.

Après la prise de Namur (17 juillet), l'armée de Sambre-et-Meuse fit un mouvement en avant et se porta sur la Grande-Geeste. Le général Hatry s'empara de Huy; et Kleber, ayant trouvé l'ennemi à Tirlemont, le chassa de cette ville après lui avoir tué beaucoup de monde et fait quelques centaines de prisonniers.

Le 19 *juillet* 1795 (1ᵉʳ *thermidor an* 3). PRISE
DE BILBAO.

Poussant ses succès dans la Biscaye, l'armée
des Pyrénées occidentales s'empara de la ville
de Bilbao, dans laquelle le général Villot entra
le 19 juillet, tandis que le général Dessein s'emparait le 17 de Vittoria.

*Armée
des Pyrénées
occidentales.*

Le 19 *juillet* 1808. BATAILLE DE BAYLEN (1).

Les espérances flatteuses qu'avait fait naître
dans l'armée française en Espagne la victoire
de Rio-Secco (14 juillet), furent bientôt dis-
sipées par la malheureuse bataille de Baylen.

Espagne.

Après le combat de Mengibar (16 juillet),
le général Dupont se mit en devoir de parer
aux chances fâcheuses qu'avait amenées la perte
de cette position. Ne pouvant avec une armée
de quatorze mille hommes soumettre l'Andalousie, menacée de toutes parts par les généraux
Castanos et Reding, qui commandaient à plus de
quarante mille hommes, presque toutes vieilles
troupes, il voulut du moins chercher à se maintenir dans ce pays et conserver ses communications avec Madrid. Apprenant que le géné-

(1) Ouvrages publiés. — Journaux français et étrangers. —
Notes et Mémoires manuscrits.

9

ral Reding, après le succès qu'il avait obtenu à Mengibar, se portait sur Baylen, pour couper ses communications, il envoya le général Vedel occuper cette position ; mais celui-ci, au lieu de s'arrêter à Baylen, le dépassa et ne s'arrêta qu'à la Caroline, quatre à cinq lieues plus loin sur la route de Madrid. Le général espagnol profitant aussitôt de cette faute, s'empare de Baylen, qui n'était point gardé, isole ainsi les deux corps français et coupe toute communication au général Dupont.

A la nouvelle de l'occupation de Baylen par l'ennemi, ce général quitte Andujar en toute hâte au milieu de la nuit du 18 au 19 juillet ; il dérobe son départ au général Castanos, qu'il avait en face sur le Guadalquivir, et se porte sur le général Reding, afin de rétablir de vive force ses communications interrompues. Mais il n'était plus tems, le général espagnol, avec vingt-cinq mille hommes, profitant de toutes les ressources que lui présentait la belle position dont il s'était emparé, s'y était fortement retranché et avait pour lui toutes les chances de succès.

Le 19 juillet, à trois heures du matin, le général Dupont, auquel il ne restait que huit mille hommes, par suite du détachement du général

Vedel, arrive devant les positions espagnoles et les attaque aussitôt. Le courage de nos soldats suppléant au nombre, leur fait d'abord obtenir de brillans succès. Deux drapeaux et plusieurs pièces de canon tombent en leur pouvoir.

Mais bientôt, attaqués sur leurs derrières par le général Castanos qui avait suivi leur marche sur Baylen, ils sont obligés de faire face de tous côtés, et dès-lors la victoire les abandonne. Pendant quatorze heures cette poignée de Français se battit avec un acharnement extraordinaire. Entourés par des forces quintuples, ils ne pouvaient plus vaincre ; mais ils voulaient mourir. Le général Dupont, quoique blessé grièvement, toujours là où le péril était le plus grand, donnait l'exemple du courage qu'enfante le désespoir. Enfin, accablés par le nombre, exténués de fatigue, n'ayant même plus la force d'aller chercher la mort dans les rangs ennemis, après avoir perdu près de trois mille des leurs, les Français allaient tous être massacrés, lorsque le général Marescot et le général Dupont, pour conserver à la France les débris de si valeureuses troupes, demandèrent à capituler. La capitulation fut accordée. Elle portait que les troupes sous les ordres du général en chef Dupont évacueraient l'Espagne.

seraient transportées par mer en France, et qu'elles pourraient ensuite rentrer en campagne à la convenance du gouvernement français. Le général Vedel, posté à la Caroline, sur la route de Madrid, n'avait point pris part à la bataille de Baylen. Il se crut néanmoins lié par la convention du général Dupont, et passa également sous les fourches caudines.

Cette capitulation était honorable ; elle devait être exécutée avec toute la bonne foi qu'impose un traité conclu volontairement ; cependant elle fut violée avec la plus insigne déloyauté. Après les traitemens les plus atroces essuyés par nos troupes, qui, placées sous la sauve-garde de l'honneur, devaient être sacrées, elles furent considérées comme prisonnières de guerre, et les officiers placés devant Cadix dans des culs de basse fosse appelés *pontons*, dont l'usage barbare est de l'invention des Anglais, qui font sonner si haut leurs philantropiques institutions.

La défaite de Baylen laissant Madrid à découvert, força le nouveau roi Joseph de s'en éloigner douze jours après qu'il eut fait sa première entrée dans sa capitale. C'est de cette bataille que date l'indépendance de l'Espagne. Son influence sur la résistance de ce pays a été décisive encore plus que la défense de Saragosse. Si nous eussions été vainqueurs (ce qui pouvait arriver sans l'abandon de Baylen, qui nécessita le morcellement de l'armée aux ordres du général Dupont, et rendit six mille hommes inutiles) les portes de Cadix ne se seraient pas probablement fermées avec l'opiniâtreté qui a fait de cette ville le boulevart des libertés de l'Espagne.

~~~~~~~~~~

Le 20 *juillet* 1794 (2 *thermidor an* 2). REDDITION DE BASTIA.

Corse.

Le célèbre républicain Paoli, qui résista pendant long-tems aux armes de Louis XVI, ayant repassé en Corse après la mort de ce monarque, tenta de nouveau de soustraire son pays à la domination de la France, et proscrivit toutes les familles qu'il soupçonnait attachées à la république française. Celle de Bonaparte fut de ce nombre, et vint alors chercher un refuge en France. La convention nationale envoya le général Lacombe Saint-Michel avec des troupes pour réduire la Corse, dont une partie des habitans tenaient encore pour elle. Ce général eut d'abord de grands succès; mais Paoli ayant appelé les Anglais, ceux-ci,

qui venaient d'être chassés de Toulon, vont à
son secours avec vingt vaisseaux de ligne, et
mettent alors le siége devant Bastia et Calvi,
seules places qui restaient encore au pouvoir
des Français ; ils les poussent avec vigueur.
Bastia, que défendait le général Lacombe
Saint-Michel, supporta pendant plus de deux
mois toutes les horreurs d'un siége désastreux.
Enfin, la famine faisant périr chaque jour les
habitans, et la ville étant à moitié détruite,
elle capitula le 20 juillet 1794.

Le 20 juillet 1795 (2 thermidor an 3). CA-TASTROPHE DE QUIBERON.

France.

Au commencement de 1795, l'Angleterre,
jalouse de rallumer en France le terrible incendie de la guerre civile, dont de nombreux dé-
sastres éprouvés par les Vendéens avaient déjà
diminué la violence, prépara une expédition
formidable, destinée à apporter aux royalistes
de l'Ouest des secours considérables. Tous les
émigrés français se hâtèrent de solliciter de
l'emploi dans la nouvelle armée royale. L'Angleterre, qui ne croyait pas pouvoir payer assez cher l'espoir de faire battre des Français
les uns contre les autres, dépensa des sommes
énormes pour les frais de l'expédition. Qua-

torze mille hommes de troupes de débarquement, des munitions immenses, des armes
pour quatre-vingt mille hommes, des habits
pour soixante mille, des canons et autres pièces d'artillerie de tout calibre, des provisions
de bouche en abondance, deux millions en or
et dix milliards de faux assignats fabriqués à
Londres, furent portés sur cent bâtimens de
transport, et une flotte de vingt-cinq vaisseaux
de guerre fut chargée de protéger la traversée
et le débarquement de l'armée, qui, une fois
sur le continent, devait être jointe par les Vendéens et tous les royalistes de la Bretagne et de
la Normandie, connus sous le nom de *chouans*.

Le comte d'Artois, qui devait d'abord commander l'armée royale, étant resté en Angleterre, elle fut divisée en deux corps. Le premier, aux ordres du comte d'Hervilly, était
fort de dix mille hommes; le second, commandé par le comte de Sombreuil, n'en avait
que quatre mille.

La baie et la presqu'île de Quiberon furent
choisies pour le débarquement. Le 27 juin, à la
pointe du jour, le corps du comte d'Hervilly
aborde, et fait sa jonction avec les chouans de
ces contrées, qui s'étaient avancés pour le rece-

voir. La petite ville de Carnac, qui n'était défendue que par quelques républicains, est prise
aussitôt, et la garnison massacrée. On débar-
que alors les munitions et les vivres, et les
chouans viennent en foule recevoir des habits
et des armes.

Pendant les premiers jours, l'armée royale
eut quelques succès ; n'ayant devant elle que
peu de troupes républicaines, elle s'avança dans
l'intérieur, se rendit maîtresse de toute la presqu'île, et compta bientôt trente mille hommes
dans ses rangs.

Cependant le général Hoche, qui alors commandait l'armée républicaine dans la Vendée,
ayant réuni quelques troupes, quitte Rennes
et marche aux émigrés. Ceux-ci, attaqués vivement, sont repoussés dans la presqu'île où
Hoche les tient bloqués et fait construire un
camp retranché sur la falaise étroite qui conduit à Quiberon.

Manquant de vivres, et pour faire cesser des
murmures violens qui s'élevaient dans son
camp, où on l'accusait hautement d'impéritie,
le comte d'Hervilly résolut de faire une attaque
générale sur le camp des républicains. On lui
représenta en vain qu'il était sage d'attendre le

débarquement du corps de Sombreuil, qui était encore sur les bâtimens de transport (1) ; il persiste dans son dessein, et le 16 juillet, au milieu de la nuit, il porte toutes ses troupes vers les républicains, qu'il croyait surprendre.

Hoche s'attendait à cette attaque ; il fait d'abord replier ses avant-postes. Les émigrés prennent ce mouvement pour une retraite occasionnée par la terreur ; ils s'élancent sur les retranchemens, et là ils sont reçus par le feu de mitraille et de mousqueterie le plus violent. La moitié de assaillans tombe ; le reste se jette en désordre sur les troupes qui arrivent, et y porte la confusion. Cependant de nouvelles attaques s'exécutent sur des redoutes, mais sans succès. Blessé mortellement d'un biscayen, d'Hervilly est enlevé par les siens, qui commencent à faiblir. Les républicains sortent alors de leurs retranchemens, et fondent sur les royalistes en poussant des cris de victoire. Ceux-ci, chargés par la cavalerie et poussés par la baïonnette de l'infanterie, fuient dans une épouvantable

_____

(1) Ce retard dans le débarquement de Sombreuil a toujours paru inexplicable, et les motifs n'en ont jamais été bien connus, à moins qu'on ne les attribue, comme quelques écrivains l'ont fait, au projet formé par les Anglais, et dont nous parlerons en terminant cette narration.

déroute, laissant sur le champ de bataille quinze
pièces de canon et un grand nombre de morts
et de blessés. Les deux partis allaient entrer
pêle-mêle dans le fort Penthièvre, si le comte
de Vauban, avec des troupes fraîches, en se je-
tant dans les ouvrages avancés, n'eût arrêté les
républicains par un feu très-vif. Le lendemain,
17 juillet, le corps du comte de Sombreuil débarqua, et vint au secours du corps de d'Hervilly.

Cependant, pour arriver au camp des royalistes, il fallait être maître du fort Penthièvre,
qui fermait la presqu'île de Quiberon. Deux
déserteurs de la garnison vinrent offrir au général Hoche de lui éviter un siége qui eût en-
traîné la perte d'un tems précieux. Parmi les
soldats enrôlés en Angleterre dans la légion
royale se trouvaient beaucoup de soldats français faits prisonniers pendant les campagnes
précédentes. Dans l'espérance de revoir leur
patrie et d'y trouver l'occasion de rentrer sous
le gouvernement républicain, ils avaient ac-
cepté les offres qui leur avaient été faites. Deux
de ces hommes, nommés Nicolas Lette et An-
toine Mausage, forment le projet de livrer le
fort de Penthièvre aux républicains. Ils se con-
certent avec ceux de leur parti dans la garni-

son, en font part au général Hoche, lui assurent qu'ils ont découvert un sentier à travers les rochers, qui n'est point gardé, et que le fort ne ferme pas tellement l'isthme que l'on ne puisse le tourner à marée basse, à la faveur de la nuit.

Hoche, après s'être assuré de la bonne foi de ces transfuges, prépare son attaque, et divisant ses troupes en plusieurs colonnes, il marche au fort dans la nuit du 19 au 20 juillet. Les colonnes des généraux Humbert et Valleteau échouent dans leur entreprise. Ayant été aperçues, elles sont repoussées, et déjà les républicains se croient trahis, lorsqu'à la lueur du crépuscule, qui commençait à paraître, ils distinguent le drapeau tricolore qui flottait sur la forteresse. L'adjudant-général Ménage, à la tête de trois cents grenadiers, avait filé le long de la côte, ayant de l'eau jusqu'à la ceinture, et conduit par Lette et Mausage, qui lui avaient livré le mot d'ordre de l'armée royale. Il était arrivé au pied du fort, dont il avait gravi les remparts à travers les rochers, sous le feu des chaloupes anglaises. Au premier cri d'alarme, les émigrés étaient accourus à leurs postes; mais il n'était plus tems; assaillis par l'ennemi de l'extérieur, et à l'intérieur par les conjurés qui ont ouvert les portes, ils sont tous massacrés, et les républicains s'emparent de la forteresse.

Au premier bruit de l'attaque du fort, l'armée royale était sortie du camp; mais le général Hoche ayant réuni ses forces la repoussa, s'empara de tous ses retranchemens, et même de son parc d'artillerie, qu'on avait eu l'imprudence de laisser à l'avant-garde. Les chouans, effrayés de l'approche des républicains, se rendent presque sans coup férir. La terreur se met dans les rangs des royalistes, qui rétrogradent dans un effroyable désordre. Puissaye même, le lâche Puissaye, qui avait été le principal instigateur de l'expédition, et avait pris le commandement de l'armée après la mort de d'Hervilly, fuit et va cacher sa honte sur les vaisseaux anglais. Cependant le comte de Sombreuil, à la tête de son corps, soutenait la retraite avec une bravoure héroïque. Les colonnes républicaines avançaient toujours rapidement, et menaçaient même de tourner les émigrés. Bientôt, poussés jusqu'au fort Portaligen, à l'extrêmité de la presqu'île, ils n'ont plus de salut que dans un embarquement devenu impossible par le désordre qui règne partout, et par l'ardeur des républicains, qui croissait avec leur succès. Le tiers des royalistes est déjà couché sur la poussière ; les prisonniers enrôlés en Angleterre passent en masse dans les rangs des républicains, en criant : *Nous aussi, nous sommes patriotes !* Les soldats qui ne suivent pas cet exemple s'éparpillent et cherchent à s'embarquer ; mais les chaloupes, en trop petit nombre, forcées de repousser à coups d'aviron la foule qui s'y précipite, un grand nombre de fuyards se noient en cherchant à gagner les vaisseaux à la nage. Le brave Sombreuil, à la tête de sept à huit cents gentilshommes, soutenait tout l'effort des républicains. Ecrasés par leur mitraille, ils étaient encore exposés au feu non moins meurtrier des chaloupes anglaises, qui tiraient indistinctement sur tout ce qui se trouvait sur le rivage. Un grand nombre de ces infortunés périrent ainsi par le canon de ceux qui auraient dû les protéger. On entendit alors dans les rangs républicains : *Bas les armes ! rendez-vous, on ne vous fera pas de mal.* Sombreuil, qui ne craint pas pour lui, mais qui veut tenter de sauver les malheureux débris de l'armée royale, s'avance alors. Le général Hoche fait cesser le feu, et va au-devant du jeune héros, dont il admire le courage. « Vous le voyez, lui dit celui-ci, les » hommes que je commande sont déterminés

» à périr les armes à la main ; laissez-les rem-
» barquer, vous épargnerez le sang français. »
Le général républicain, enchaîné par les ordres de la convention et la présence du con-
ventionnel Tallien, obligé de faire taire sa générosité naturelle, ne peut accorder la demande de l'ennemi dont il plaignait le malheur.
« S'il faut une victime, ajoute Sombreuil, pre-
» nez-moi ; je mourrai satisfait, si je puis sau-
» ver mes camarades. » Hoche, qui jugeait
d'après son cœur, et ne pouvait croire que la
convention, revenue à des principes plus mo-
dérés depuis la chute de Roberspierre, voulût
se déshonorer encore par une cruauté super-
flue, engage le comte à se confier à la générosité nationale ; mais il exige que les émigrés
fassent cesser le feu terrible des Anglais. «Ah!
» ne voyez-vous pas, s'écrièrent ceux-ci, qu'ils
» tirent sur nous comme sur vous. » Le jeune
Gery, officier de marine, se jeta à la nage, et
poussa jusqu'à la frégate voisine pour le faire
taire ; mais ne voulant pas séparer son sort de
celui de ses compagnons d'armes, il s'empressa
de revenir à terre.

Enfin, réduits à la nécessité de périr ou de
se rendre, les émigrés qui ont survécu à l'affreux désastre mettent bas les armes. Plu-

sieurs cependant préférèrent la mort et se firent sauter le crâne, en reprochant à leurs camarades leur pusillanimité.

L'armée républicaine se répandit alors dans la presqu'île, et ramassa tous les royalistes qui n'avaient pu s'embarquer. Tous les approvisionnemens de guerre et de bouche qui avaient été débarqués tombèrent en leur pouvoir ; ils étaient si considérables, qu'il fallut plus de quatre mille voitures pour les transporter. Ce fut en vain que le général Hoche écrivit à la convention pour l'intéresser au sort des royalistes infortunés pris à Quiberon, sur-tout en faveur du jeune Sombreuil ; elle fut inexorable, et ordonna leur condamnation.

Nous devons dire, en l'honneur des militaires français, qu'ils ne voulurent point participer au dénouement de cette atroce tragédie. La commission militaire nommée pour juger les prisonniers à Auray refusa de siéger, et les conventionnels Tallien et Blad furent contraints de la remplacer par une autre commission composée de militaires nés sur un sol étranger. Tous les émigrés qui avaient plus de dix-huit ans furent condamnés à mort.

On a accusé les Anglais d'avoir eu moins en vue, dans cette fatale expédition, de provoquer la contre-révolution en France que le dessein d'y prolonger la guerre civile, et même de faire périr les officiers de marine français, qui se trouvaient en très-grand nombre dans l'armée royale. Nous ne sommes en position ni d'affirmer, ni de détruire une inculpation aussi grave; nous nous contenterons seulement de rapporter que des patriotes anglais, honteux de la conduite de leur ministère dans cette circonstance, s'empressèrent de venger l'honneur national en prouvant que le peuple anglais n'y avait point pris part; et que le ministre Pitt, digne fils de lord Chatam qui répétait sans cesse « que s'il fallait que l'Angleterre fût juste envers la France, il y aurait long-tems que » l'Angleterre n'existerait plus », forcé dans la chambre des communes de se justifier sur l'expédition de Quiberon, ayant osé dire : « Du » moins le sang anglais n'y a pas coulé », fut apostrophé vivement par M. Shéridan; qui, emporté par un mouvement d'indignation, s'écria : « Non, sans doute, le sang anglais n'y » a pas coulé ; mais l'honneur anglais y a coulé » par tous ses pores!..... »

Le 21 juillet 1796 (3 thermidor an 4). COMBATS
D'ESLINGEN ET DE CANSTADT.

Après la prise de Stuttgard (18 juillet), le
général Moreau, voulant rejeter sur la rive
droite du Necker l'armée autrichienne, la fit
attaquer par le centre de l'armée de Rhin-et-
Moselle, aux ordres du général Saint-Cyr.

Le général Laroche s'empara d'Eslingen
après un combat opiniâtre, où l'ennemi perdit
huit cents hommes; et le général Taponnier
ayant attaqué le faubourg de Canstadt, en
chassa les Autrichiens, qui dès-lors évacuèrent
toute la rive gauche du Necker.

Le 21 juillet 1798 (3 thermidor an 6). BATAILLE
DES PYRAMIDES.

Après le combat de Chebreisse (13 juillet),
l'armée française avait continué sa marche sur
le Kaire, en remontant le Nil. Si la soif ne faisait plus souffrir nos soldats, l'excessive chaleur et la faim les tyrannisaient d'une manière
cruelle. Les villages étaient abandonnés, les
paysans avaient tout emporté, et l'on couchait
sur des tas de blé, sans pouvoir obtenir un
morceau de pain, faute de tems et de moyens
de moudre. C'était heureusement le tems de la

Armée de
Rhin-et-
Moselle.

Egypte.

10

récolte des melons d'eau „ connus sous le nom de *pastèques* ; ce fruit, à-la-fois rafraîchissant et nourrissant, et très-commun dans la Basse-Egypte, fut pendant huit jours la seule nourriture de l'armée.

Enfin, après avoir été en butte pendant huit jours aux fatigues les plus insupportables, l'armée aperçut les pyramides le 2 juillet au soir, et apprit que Mourad-Bey ayant réuni les beys de l'Egypte, six mille Mamlouks et trente pièces d'artillerie dans son camp d'Embabeh, vis-à-vis le Kaire et sur la rive gauche du Nil, attendait les Français. Le 21 au matin, l'armée marcha à la rencontre des Mamlouks, et à trois heures après midi elle replia leurs avant-postes jusque dans leur camp. Malgré les fatigues des jours précédens et celles de la journée, le général Bonaparte rangea aussitôt ses divisions en ordre de bataille. Ses dispositions furent les mêmes qu'à Chebreisse, c'est-à-dire que toutes les divisions formèrent des carrés, s'échelonnant et se flanquant réciproquement ; elles se placèrent en demi-cercle autour du camp des Mamlouks, de manière que ce camp se trouvait au centre, et le Nil en formait le diamètre. A la vue des pyramides et de la ville du Kaire, nos soldats,

oubliant leurs fatigues, avaient, par acclama-
tion, salué ces masses indestructibles par lesquelles les hommes semblent avoir défié le
temps. Le général Bonaparte passe dans tous
les rangs, et par une de ces courtes et énergi-
ques harangues dont il connaissait si bien le
secret, il excite encore leur imagination déjà
exaltée : « Soldats, leur dit-il, du haut de ces
monumens quarante siècles vous contem-
plent ! » L'armée répond par un cri de victoire et s'ébranle aussitôt.

Les Mamlouks préviennent ce mouvement ;
ils fondent sur les deux divisions Desaix et
Reynier, qui s'avançaient entre Gizeh et Embabeh. Celles-ci s'arrêtent, et ne font usage de
leur feu qu'à demi-portée de la mitraille et de
la mousqueterie. Les Mamlouks, à la tête desquels est Mourad-Bey, s'acharnent en vain à
rompre ces murailles de feu, ces remparts de
baïonnettes, soit en les tournant, soit en les attaquant de front; ils sont obligés de se retirer
dans le plus grand désordre, et la plaine reste
jonchée des cadavres de ces intrépides cavaliers et de leurs brillantes dépouilles.

Pendant que ces charges s'exécutaient contre notre droite, le général Bonaparte dirigeait sur les retranchemens du village d'Embabeh, où était restée une partie des Mam-

louks, la division Bon. et celle du général Menou (1), commandée par le général Vial, afin de les tourner par la gauche. Les Mamlouks sortent au galop, et causent d'abord quelque dommage au carré sous les ordres du général Rampon; mais bientôt repoussés dans leur camp, les Français y entrent pêle-mêle avec eux, et en font une horrible boucherie. Une partie se jeta dans le Nil pour se sauver à la nage; mais contraints de passer sous le feu d'un bataillon de carabiniers, rangé sur la rive, ils furent presque tous tués et noyés.

Mourad-Bey, battu, s'enfuit dans la Haute-Egypte, et fut poursuivi le jour même par la division Desaix jusqu'à Gizeh, au-delà du Kaire, à l'entrée de la grande vallée du Nil. Ibrahim-Bey, qui était resté avec un corps de Mamlouks sur la rive droite, voyant la défaite de Mourad, se retira précipitamment vers le désert de Syrie, abandonnant ainsi le Kaire à la discrétion des Français, qui en prirent possession le lendemain, 22 juillet.

A la bataille des Pyramides, les Mamlouks eurent deux mille tués ou blessés, et laissèrent en notre pouvoir quatre cents chameaux et toute leur artillerie. Notre perte fut de trente hommes tués et cent vingt blessés.

(1) Blessé à la prise d'Alexandrie et resté dans cette ville.

Le 21 *juillet* 1812. COMBAT D'IBI ET DE
CASTALLA.

Le général de division Harispe, attaqué le   Espagne.
21 juillet 1812 par l'armée de Murcie, com-
mandée par le général O'Donnel, dans les positions d'Ibi et de Castalla, est d'abord repoussé;
mais bientôt, reprenant l'offensive, il force
l'ennemi à la retraite, malgré sa grande supériorité numérique, et lui fait essuyer une perte
de trois mille six cents hommes tués, blessés
ou prisonniers. Le général Delord, commandant le 7ᵉ de ligne et le 24ᵉ de dragons, ainsi
que le colonel Mesclop, ayant sous ses ordres
le 44ᵉ de ligne et un régiment de cuirassiers, se
distinguèrent particulièrement dans cette journée, où ils se montrèrent aussi intrépides soldats qu'officiers habiles.

Le 22 *juillet* 1798 (4 *thermidor an* 6). PRISE
DU KAIRE.

Comme nous venons de le voir au 21 juillet,   Egypte.
les Mamlouks et leurs chefs ayant abandonné
le Kaire après la bataille des Pyramides, l'armée française y entra le 22 juillet. Dès ce moment le gouvernement des Mamlouks fut renversé, et la conquête de la Basse-Egypte assu-

rée. Le général Bonaparte, avant de se mettre à la poursuite de l'ennemi, organisa un divan, établit une nouvelle administration dans le pays, et ne fit occuper les places que par les naturels et quelques Français qui eurent la principale direction des finances.

Le 22 juillet 1799. REDDITION D'ALEXANDRIE.

Armée
d'Italie.

Après le combat de San-Giuliano (19 juin), le général Bellegarde convertit en siége le blocus qu'il avait mis devant Alexandrie, défendue par seize cents Français commandés par le général Gardanne. Le 14 juillet la place fut sommée ; mais le gouverneur ayant refusé de se rendre, la place fut chauffée par deux cent dix bouches à feu. Le 22, le général français ne croyant pas pouvoir soutenir un assaut, capitula, et la garnison, qui avait perdu six cents hommes pendant le siége, resta prisonnière de guerre.

Le 22 juillet 1812. BATAILLE DES ARAPILÉS
OU DE SALAMANQUE (1).

Espagne.

La prise de Badajoz (6 avril) avait permis à lord Wellington de disposer de toutes ses forces pour marcher sur le maréchal Marmont, duc de Raguse, commandant l'armée de Por-

(1) Ouvrages publiés. — Journaux français et étrangers. — Notes et Mémoires manuscrits communiqués.

tugal, qui, dans l'intention de faire une diversion favorable aux assiégés, s'avançait par Salamanque sur ce royaume. Le général français, trop faible pour tenir la campagne devant l'armée anglo-portugaise, se retira à son approche, et prit position sur la rive droite du Douero, de Tordesillas à Toro.

Dès que le maréchal Marmont avait été obligé de se replier devant l'armée ennemie, il avait fait demander des secours au roi Joseph, qui occupait sa capitale, ainsi qu'au général Cafarelli, commandant l'armée du nord. Mais derrière le Douero, il apprit que celui-ci, qui d'abord avait promis de se porter sur ce fleuve avec dix mille hommes, ne pouvait plus envoyer qu'un faible corps de cavalerie, et que Joseph, dont les divisions éparses étaient nécessaires partout où elles se trouvaient, ne pouvait les réunir de long-tems.

Cependant la position de l'armée de Portugal était des plus critiques. Ayant en tête lord Wellington, qui comptait dans son armée quarante-huit mille anglo-portugais et douze mille Espagnols que lui avait amenés don Carlos d'Espana; elle était encore menacée sur son flanc droit par les armées insurrectionnelles qui s'étaient organisées dans la Galice et les Asturies, débouchaient déjà dans les plaines du royaume de Léon, et marchaient aussi sur le Douero. Il fallait donc, si elle ne voulait pas se trouver engagée entre les deux armées ennemies, opter entre marcher aux Espagnols ou aux anglo-portugais. La division du général Bonnet, forte de huit mille hommes, et sur laquelle on ne comptait pas, ayant évacué les Asturies pour se joindre à l'armée de Portugal, le maréchal adopta ce dernier parti, certain que s'il parvenait à battre l'ennemi le plus redoutable, l'armée espagnole céderait bien vîte le terrain qu'elle aurait occupé.

En conséquence, l'armée de Portugal, forte alors de trente-trois mille hommes, après un mouvement de nuit sur Toro qui trompa lord Wellington, passa le 17 juillet le Douero à Tordesillas, et débouchant sur le flanc de l'ennemi, l'obligea à se replier. Jusqu'au 21, quelques escarmouches seulement eurent lieu. L'ennemi, menacé sans cesse par son flanc, craignant pour sa ligne de communication, se retirait chaque jour, et les deux armées marchaient parallèlement dans la direction de Salamanque, l'armée française tenant toujours les hauteurs, et l'ennemi marchant au pied. Le 21 au soir, n'étant qu'à trois lieues de cette ville, l'armée française passa la Tormès, en s'appuyant sur Alba, et défila sur Calbaraza de Abaxo. Ce

mouvement hardi, qui débordait l'ennemi, et
allait nous rendre maîtres de la route de Ciudad-Rodrigo à Salamanque (sa ligne de communication), l'effraya tellement, qu'il passa
en toute hâte sur la rive gauche de la Tormès;
et marchant toute la nuit, il se présenta le 22 au
matin pour nous chasser du poste que nous
occupions en avant de Calbaraza ; mais il fut
repoussé. On le vit alors faire filer sur la route
de Rodrigo de longues colonnes de bagages
et d'artillerie, et porter de grandes forces vers
cette route sur sa droite. Ses intentions ne paraissaient pas bien évidentes, et l'on crut long-
tems que son intention n'était pas d'attaquer
l'armée française, mais bien de s'assurer, comme
les jours précédens, une retraite paisible. Cependant celle-ci s'était développée sur une belle
colline, appuyée à un bois, ayant devant elle,
vers son centre, deux hauteurs escarpées ou
mamelons isolés, appelés *los Arapiles;* sa droite
était en potence à Calbaraza, et sa gauche me-
naçant la route de Ciudad-Rodrigo. Le général
Bonnet, dès le matin, s'était emparé de l'un des
Arapiles ; l'autre, distant d'une petite portée
de canon, resta à l'ennemi. Le maréchal Marmont fit établir plusieurs batteries sur des pi-
tons qui se trouvaient en avant du front de sa ligne, et se portant sur l'Arapile en notre pou-

voir, il examina les mouvemens de l'ennemi,
cherchant à deviner ses intentions ; mais blessé
grièvement presque aussitôt par un boulet creux
qui lui fracassa le bras et lui ouvrit le côté, il
fut obligé de quitter le champ de bataille. Le
général Clausel le remplaça dans le commandement de l'armée. Pendant qu'on se canon-
nait de part et d'autre, sans but déterminé,
la division Thomière, qui tenait notre gauche,
avait fait occuper par des tirailleurs le village
de Miranda d'Azan, qui était encore libre. Ce
village se trouvant dans les lignes de l'ennemi, celui-ci le fit reprendre. Le général Thomière, qui n'avait point l'ordre d'attaquer, au
lieu de faire retirer ses tirailleurs, en envoya de
nouveaux qui réoccupèrent Miranda. L'ennemi
ayant fait marcher de nouvelles troupes sur ce
point s'en rendit encore maître. La division
Thomière fut alors tout entière engagée, et
l'on s'y battit avec acharnement. Lorsque le maréchal Marmont s'était aperçu de la précipitation de sa gauche, qui ne devait point engager
d'affaire sérieuse, il avait donné l'ordre de faire
retirer les tirailleurs du village ; mais ceux-ci,
trop engagés, n'avaient pu l'exécuter encore ; et
quand le général Clausel eut succédé au maréchal, il n'était plus tems.

Lord Wellington avait successivement massé

sur sa droite la plus grande partie de son infanterie, et la possession de Miranda lui fournissant
un prétexte, il avait porté de grandes forces à
l'attaque de ce village. Les divisions françaises Maucune et Ferret voyant le danger que
courait la division Thomière, se portèrent rapidement à son secours. L'armée anglaise
s'étant alors avancée, la bataille s'engagea de
toutes parts avec impétuosité, et la mêlée devint
terrible. Les généraux Thomière et Ferret furent tués; le général Bonnet, blessé; le général Clausel l'ayant été aussi, les ordres se ral-
lentirent, et l'ennemi eut alors toute la supériorité que pouvait lui donner l'avantage du
nombre.

Pendant le plus furieux moment de la bataille, notre cavalerie légère, aux ordres du
général Curtot, et qui était placée à notre
extrême gauche, fut attaquée et dépostée. Au
lieu de se retirer derrière la ligne, la plus
grande partie se jeta dans notre infanterie, et
la cavalerie ennemie l'ayant suivie, la confusion devint affreuse; elle était telle que pendant quelques instans, les cavaliers des deux
armées, pressés, portés même par la foule, ne
pouvaient ni attaquer, ni se défendre, ni se
dégager.

L'ennemi n'avait pas été si heureux vers le

centre ; c'était en vain qu'il avait voulu enlever l'Arapile que nous possédions : repoussé constamment par le 120ᵉ régiment, il cessa ses attaques infructueuses. Cependant notre droite, cherchant à rétablir le combat, attaqua vigoureusement la gauche des anglo-portugais. Les généraux Foy, Brennier et Sarrut obtinrent d'abord quelque succès ; mais tous leurs efforts étaient désormais inutiles, et ne servaient qu'à prolonger la bataille. Notre gauche ayant abandonné son champ de bataille, toujours poussée par l'ennemi, se pelotonnait vers notre droite, et par son affreux désordre pouvait compromettre la sûreté de ces divisions. Le général Clausel (1), officier du plus grand mérite, ordonna la retraite. Quoique blessé, il présida lui-même à tous les mouvemens, et les fit exécuter dans le plus grand ordre par les divisions de droite. L'armée se retira le jour même à Alba, et ne passa la Tormès que le lendemain.

Malgré sa victoire, l'ennemi, contenu par l'attitude audacieuse du général Foy, qui faisait l'arrière-garde, ne troubla point la retraite de l'armée française le jour de la bataille, seulement le lendemain il attaqua cette arrière-garde, qui lui fit éprouver de grandes

(1) Aujourd'hui aux Etats-Unis d'Amérique, porté sur la première liste du 24 juillet 1815.

pertes. Dès-lors lord Wellington, satisfait d'avoir vaincu, ne chercha plus à profiter de sa victoire.

La perte de l'ennemi, de son propre aveu, fut de six mille sept cents hommes : la nôtre fut plus considérable, et s'éleva à neuf mille cinq cents tués ou blessés. L'armée eût pu essuyer un plus grand désastre, si le général anglais, au lieu de s'arrêter sur le champ de bataille, nous eût poussés vigoureusement sur Alba, et si dans la même nuit il eût fait passer la Tormès à toute sa cavalerie, pour couper aux Français la route de Pénaranda, sur laquelle elle se retirait. La prudence du noble lord sauva l'armée française d'une destruction totale.

Le maréchal Marmont, qui avait agi comme un habile général dans son passage du Douero, et dans sa savante marche sur Salamanque, contraignant à la retraite une armée double de la sienne, fit une faute en étendant trop sa gauche le jour de la bataille ; ce grand éloignement affaiblit cette aile, qui se trouva précisément opposée à l'aile ennemie sur laquelle il y avait le plus de forces réunies, comme étant placée sur sa ligne de communication. Cependant on peut croire que cette faute eût été réparée si le général Thomière ne s'était pas imprudemment engagé avec toute sa division, et n'eût par conséquent, en obligeant les divisions voisines à le soutenir pour l'empêcher d'être écrasé, commencé la bataille; lorsque le général en chef, cherchant à pénétrer son ennemi, n'avait encore arrêté aucun plan.

Le lendemain, huit cents chevaux, envoyés par le général Cafarelli, joignirent l'armée de Portugal (1), et le 24 seulement on apprit que le roi Joseph, étant parvenu à réunir des troupes, s'avançait pour faire sa jonction avec cette armée. Ce secours était trop tardif; et Joseph, menacé bientôt dans Madrid, fut obligé de se retirer sur Valence.

Le 23 juillet 1793 (5 *thermidor an* Ier).

REDDITION DE MAYENCE.

Armée du Rhin.

Le général Custines, après s'être emparé de la ville de Mayence au mois d'octobre 1792, et avoir poussé ses conquêtes jusqu'à Francfort-sur-le-Mein, fut obligé d'évacuer cette ville, et de repasser le Rhin au mois de janvier sui-

(1) M. Guingret, qui, du reste, dans sa relation de la campagne de Portugal, a fait preuve d'exactitude et de talent comme écrivain et comme militaire, se trompe ici lorsqu'il dit que le lendemain de la bataille l'avant-garde du roi Joseph fit sa jonction avec l'armée de Portugal. La cavalerie dont il parle venait de l'armée du Nord, et Joseph était encore à plus de trois jours de marche.

vant. Dès-lors, contraint de céder tous les jours
du terrain à un ennemi trop supérieur, il laissa
Mayence livré à ses propres forces, avec une
garnison de vingt-deux mille hommes, commandés par le général Doyré, ayant sous ses
ordres les généraux Aubert-Dubayet et Meusnier. Ce dernier fut chargé de la défense de
Cassel, sur la rive droite du Rhin.

Quarante-cinq mille Prussiens, sous les ordres du lieutenant-général Kalkreuth, investi-
rent Mayence le 1er avril. Le 12, le roi de
Prusse, qui se trouvait à son armée, fit demander une entrevue au général Doyré, pour trai-
ter de la reddition de la place; mais cette conférence n'eut aucun résultat. Les attaques des
assiégeans commencèrent alors; jusqu'au 29 mai,
les Français firent plusieurs sorties, dans lesquelles ils eurent presque toujours l'avantage.
Le 30, pendant la nuit, ils tentèrent de s'emparer du quartier-général ennemi. Cette entreprise audacieuse commença avec succès. Ils
pénétrèrent jusqu'au milieu du camp prussien;
mais repoussés bientôt, ils furent obligés de
rentrer dans la place. Dès ce moment le roi de
Prusse fit pousser le siége avec plus de vigueur;
la tranchée fut ouverte le 19 juin, et quoiqu'à
plus de quatre cents toises des ouvrages exté-

rieurs, les jours suivans, les batteries ennemies
firent pleuvoir sur la ville une quantité innombrable de bombes et de boulets rouges, et dé-
truisirent le tiers des maisons.

Le général Meusnier, qui s'était jusque là
soutenu dans Cassel avec une habileté et une
bravoure extraordinaire, eut le genou fracassé
d'un biscayen le 5 juin, et mourut le 13 des
suites de sa blessure. Le roi de Prusse, plein
d'estime pour cet officier-général, distingué
par ses connaissances et ses talens comme in-
génieur, géomètre et physicien, fit tirer plusieurs salves d'artillerie en son honneur, lorsque son corps fut déposé sous un des bastions
du nouveau fort de Cassel.

Cependant Mayence, bloqué depuis si long-
tems, était livré à toutes les horreurs de la famine, et sa nombreuse garnison, loin d'être
utile à sa conservation, y portait obstacle. La
chair de cheval, les chats et les souris étaient
la nourriture des habitans et des soldats (1).
L'huile de poisson servait à faire la soupe. Plusieurs soldats y ayant mêlé des herbes véné-

(1) Le général Aubert-Dubayet, mort depuis ambassadeur
à Constantinople, invita un jour à dîner plusieurs officiers
de ses amis, parce qu'il avait à leur offrir *un beau chat en-
touré d'un cordon de souris.*

neuses, devinrent fous. Un chat mort coûtait
six francs ; le cheval, deux francs la livre.
Enfin, après avoir supporté toutes les priva-
tions avec un courage peut-être plus admirable que celui qu'elle montrait dans les combats, la garnison, n'espérant plus être secourue, après avoir perdu cinq mille hommes,
entourée par une armée qui s'était accrue
pendant le siége et qui s'élevait à quatre-
vingt mille hommes, sachant que Condé,
Valenciennes étaient pris, et que les Vendéens faisaient des progrès effrayans, capitula le 23 juillet 1793. Elle sortit avec les
honneurs de la guerre, à la seule condition de
ne point servir d'un an contre les puissances
coalisées. Ce fut cette même garnison qui, en-
voyée dans la Vendée à cette époque, porta un
coup si funeste à l'armée royale, et qui y périt elle-même après avoir couvert de cadavres
vendéens les champs de cette malheureuse
contrée.

Le 23 juillet 1812. BATAILLE DE MOHILOW (1).

Tandis que l'empereur Napoléon séjournait
à Wilna, organisant le gouvernement polonais

Grande
Armée.
—
Russie.

(1) Ouvrages publiés. — Rapports français et étrangers. —
Mémoires et Notes manuscrits.

de Lithuanie, l'armée française poursuivait dans toutes les directions l'armée russe, qui, depuis le passage du Niémen (24 juin) ne disputant point le terrain, se retirait rapidement sur la Dwina.

Aucun combat important n'avait encore eu lieu ; les Russes évitaient par-tout un engagement sérieux ; mais les savantes manœuvres de Napoléon forcèrent enfin leur aile gauche compromise à nous attaquer vivement pour se dégager.

En quittant Wilna, le 1er corps, sous les ordres du maréchal Davout, prince d'Eckmühl, s'était porté sur Minsk, afin d'y prévenir le corps russe de Bagration, qui, poursuivi de front depuis le Niémen par le roi de Westphalie avec les 5e, 7e et 8e corps, cherchait à se réunir au corps principal russe sur la Dwina. S'étant emparé de cette ville et de ses magasins le 8 juillet, le maréchal continua sa marche sur Borisow, où il passa la Bérésina, et arriva à Mohilow sur le Dnieper le 20 juillet, ayant avec lui les divisions d'infanterie Dessaix et Compans, la division des cuirassiers du général Valence, et la brigade de cavalerie légère du général Bordesoult. (Les divisions Morand, Friant et Gudin, qui faisaient partie du 1er corps,

avaient été détachées avec le roi de Naples vers
la Dwina). Le but de la manœuvre du prince
d'Eckmühl était la destruction totale de l'armée du prince Bagration, qui, devancé par
le 1er corps et serré par le roi de Westphalie,
était forcé, au lieu de poursuivre sa marche sur
la Dwina, de se diriger sur le Dniéper, et ne
pouvait passer ce fleuve qu'après avoir été contraint de recevoir une bataille contre deux armées supérieures sous tous les rapports à la
sienne. Le prince d'Eckmühl, en partant de
Minsk, avait reçu l'ordre de prendre le commandement des 5e, 7e et 8e corps; mais le départ du roi de Westphalie, qui quitta alors
l'armée, ayant mis de la lenteur et de l'incer-
titude dans l'exécution des ordres reçus, la
coopération de ces trois corps devint nulle, et
les projets formés contre l'aile gauche de l'armée russe échouèrent en partie.

Cependant le prince Bagration, coupé de
plusieurs routes qu'il avait prises pour arriver
sur la Dwina, par le 1er corps, s'avançait vers
Mohilow sur le Dnieper, afin de tenter l'uni-
que et dernier passage qui lui restât.

Le 22 juillet au matin, le prince d'Eckmühl
n'ayant aucune nouvelle des 5e, 7e et 8e corps;
et, soupçonnant que Bagration ne devait pas

être loin, envoya le 3ᵉ de chasseurs en reconnaissance sur la route de Daszkowka. Ce régiment s'avança jusqu'à cinq lieues de Mohilow,
le colonel étant en avant-garde avec un escadron. Arrivé au débouché d'un bois, cet escadron fut tout-à-coup enveloppé par un gros
corps de Cosaques, qui venait aussi en reconnaissance sur Mohilow. La surprise fut telle
que l'escadron fut enlevé en entier, et le reste
du régiment, ramené en arrière dans le plus
grand désordre, ne s'arrêta que lorsque le
prince d'Eckmühl, s'avançant avec le 85ᵉ, obligea les Cosaques à se retirer jusqu'au-delà de
Saltaitka, où ce régiment prit position. S'attendant bien à être attaqué le lendemain par tout
le corps russe, dont la force était de quarante
mille hommes, le maréchal, qui n'en avait pas
alors avec lui au-delà de dix-huit mille, fit toutes
ses dispositions de défense, et profita de tous
les avantages que pouvait lui fournir le terrain
qu'il occupait. Les divers passages sur un ruisseau coulant dans un ravin qui couvrait toute
l'étendue de son front furent gardés et fortifiés à la hâte pendant la nuit.

En effet, le 23, à la pointe du jour, le prince
Bagration se présenta. Au lieu de profiter de
sa grande supériorité numérique, et de cher-

cher, en étendant son aile gauche vers Mohilow, de déborder la droite des Français, afin
de les forcer par-là à la retraite ; le général
russe, au contraire, entassa en masse son armée, dans le dessein de forcer le passage de
front. A huit heures du matin, le 85ᵉ régiment, qui défendait les villages de Saltaitka et
d'Atowka, situés sur le ravin, fut attaqué par
trois divisions d'infanterie ennemies. Après un
combat opiniâtre, qui dura près de deux heures, un bataillon du 85ᵉ, posté à Atowka, contraint de céder au nombre, évacua ce poste
et se retira derrière le ravin. Les Russes passèrent alors, et établissant aussitôt une batterie sur un plateau qui dominait Atowka,
ils se déployèrent sous la protection du feu de
leur artillerie. Le prince d'Echmühl fit alors
avancer un bataillon du 108ᵉ régiment, et deux
du 61ᵉ, pour soutenir celui du 85ᵉ. Ces troupes
ayant attaqué les Russes avec vigueur, parvinrent à les faire replier, et finirent par les forcer
à repasser le ravin, où ils les tinrent en respect (1). Le général russe ayant ainsi échoué

(1) Les Russes, dans leur rapport, appellent le bataillon
du 85ᵉ régiment posté à Atowka *un corps considérable*, et les
3ᵉ bataillons du 108ᵉ et du 61ᵉ, qui vinrent le soutenir, *un
puissant renfort*. Ils disent aussi qu'à Mohilow ils eurent af-

sur Atowka, tenta une nouvelle attaque sur Sal-
taïtka, dont déjà il avait été repoussé ; mais
celle-ci ne fut pas plus heureuse que la première, et le feu de notre artillerie suffit pour
arrêter l'ennemi.

Les Russes, écrasés par nos batteries vis-à-
vis Atowka, s'étendirent vers leur gauche, et
se présentèrent au débouché du bois de Selietz.
Alors un bataillon du 61ᵉ et un du 108ᵉ, qui se
trouvaient à notre extrême droite, se portèrent
dessus et les culbutèrent. En même tems le colonel Achard (1), commandant le 108ᵉ, officier
distingué par sa bravoure et ses connaissances
militaires, avec un bataillon de son régiment
et un bataillon du 85ᵉ, passa le ravin près
Atowka, et marcha sur les hauteurs où était
l'artillerie russe. Le prince d'Eckmühl, convaincu de l'inhabileté du général ennemi, par
le flottement et l'indécision qu'il mettait dans
ses attaques, fit alors avancer le 111ᵉ régiment,

faire *à cinq divisions*, sous les ordres du prince d Eckmühl
et du duc de Trévise, tandis qu'il est positif que ce maréchal,
commandant la jeune garde, se trouvait sur la route de Vitepsk, et que seulement quatre régimens furent engagés à
Mohilow. Les pièces officielles que nous avons sous les yeux
nous autorisent suffisamment à rectifier les erreurs commises
par le général russe.

(1) Aujourd'hui lieutenant-colonel de la légion du Lot.

qu'il avait tenu en réserve vers Zastenok, afin de pouvoir à son tour reprendre l'offensive. Ayant échoué sur tous les points, le prince Bagration renonça à forcer le passage devant les Français, et s'étant couvert par sa nombreuse cavalerie, il commença sa retraite. Le général Compan, avec le 111ᵉ, se mit à sa poursuite, et le suivit jusqu'à Nowoselki.

Le combat avait duré depuis huit heures du matin jusqu'à six heures du soir ; les Russes perdirent douze cents morts et près de trois mille blessés, dont une partie fut prisonnière. Nous eûmes environ mille hommes hors de combat.

Ainsi donc le prince Bagration ne put pas, ou n'osa pas passer sur le corps de quatre régimens français, quoiqu'il eût quarante mille hommes réunis en masse. Dans l'impossibilité alors de pouvoir arriver sur la Dwina, le général russe se hâta de passer sur la rive gauche du Dnieper, et remontant ce fleuve, il marcha sur Katan, au-dessous de Smolensk, et vint à Nadwa effectuer sa jonction avec l'armée principale, sous les ordres du général Barclay de Tolly.

Le 24 juillet 1796 (6 *thermidor an* 4). PRISE
DE WURTZBOURG.

Armée de
de Sambre-
et-Meuse.

Après la prise de Francfort (16 juillet),
l'armée de Sambre-et-Meuse s'étant portée à
la poursuite de l'armée autrichienne sur Swein-
furth et Wurtzbourg, le général Klein, qui
commandait l'avant-garde de Championnet,
se présenta devant cette dernière ville et somma le gouverneur d'ouvrir ses portes. Celui-ci
capitula aussitôt, et les Français prirent le 24
juillet possession de cette place, dans laquelle
ils trouvèrent deux cents pièces de canon.

Le 24 juillet 1811. COMBAT ET PRISE DU MONT
SERRAT.

Espagne.

Vainqueur de Tarragone (28 juin), le général Suchet marcha sur le mont Serrat, où le
marquis d'Ayroles, commandant l'armée espagnole en Catalogne, avait établi son dépôt
général, inquiétait de là nos troupes dans
cette province, et s'avançait même souvent jusque sous les murs de Barcelonne. Les Espagnols, qui avaient élevé sur cette position, for-
mée par une réunion de rochers escarpés au
milieu de la campagne, des retranchemens de
toute espèce, se croyant bien en sûreté, pré-

sumaient que les Français se contenteraient
d'en faire le blocus. Cependant, le 24 juillet, le
général Suchet s'en étant approché, fit enlever
trois redoutes au pied de la montagne pendant
que plusieurs colonnes gravissaient les rochers
partout où ils étaient accessibles. Malgré la vigoureuse résistance des Espagnols, qui faisaient
rouler sur les Français des énormes quartiers
de roches, tout fut enlevé à la baïonnette, et
le marquis d'Ayroles, après avoir perdu la moitié de son monde, ne dut son salut qu'à l'obscurité de la nuit.

Le général Suchet ayant ainsi délivré Barcelonne de toute appréhension, se porta en Ara-
gon, afin d'y préparer son expédition contre
le royaume de Valence.

Le 25 juillet 1795 (7 *thermidor an* 3). Combat de l'Inferno.

Après les combats de Tanée et Limone (11
et 12 juillet), les austro-sardes firent une tentative, le 25 juillet, sur le poste de l'Inferno.
Le 5ᵉ bataillon de grenadiers, qui le défendait,
surpris par l'ennemi, est contraint de l'abandonner ; mais le général Serrurier l'ayant fait
secourir par deux bataillons commandés par le

Armée
d'Italie.

général Pelletier et le commandant Tellemont, le poste fut repris à la baïonnette, et les austro-sardes furent obligés de se retirer.

Le 25 juillet 1799 (7 *thermidor an* 7). BATAILLE D'ABOUKYR.

Egypte.   Le général Bonaparte, à son retour de l'expédition de Syrie, était revenu au Kaire, où il s'était occupé de pacifier le pays, toujours prêt à la révolte, et d'améliorer le système administratif établi depuis l'arrivée de l'armée française. Ayant appris dans les premiers jours de juillet 1799 que Mourad-Bey et ses Mamloucks, chassés de la province de Bahireh, s'avançaient vers les pyramides, il sortit du Kaire avec un corps de troupes pour leur couper la retraite. Instruit le 14 qu'une flotte turque, annoncée depuis long-tems, avait enfin paru en vue d'Alexandrie, et débarqué dix-huit mille hommes dans la presqu'île d'Aboukyr, il se mit en marche le 15 vers le point menacé, réunit toutes les troupes dont il put disposer, arriva le 23 à Alexandrie, et le lendemain il se porta sur Aboukyr, dont le fort, comme nous l'avons vu au 15 juillet, était déjà occupé par les Turcs. Ceux-ci, après la prise de ce fort, au lieu de marcher sur Alexandrie, et de profiter de la faiblesse numérique de la garnison de cette ville pour s'en emparer, avaient employé tous leurs momens à se fortifier, et, agissant comme s'ils étaient moins venus pour chasser de l'E-gypte la petite armée française disséminée sur une grande surface, que pour se garantir de ses attaques, ils avaient établi un camp retran-ché qui fermait la presqu'île très - étroite sur ce point, attendant leurs adversaires dans cette position.

Le général Bonaparte, qui ne voulait pas donner le tems aux habitans de l'Egypte de se-conder, par une insurrection qui paraissait pro-chaine, les projets des Mamloucks et des Turcs, se hâta de battre ceux-ci, bien convaincu que leur défaite entraînerait celle de leurs partisans.

Le 25 juillet, à cinq heures du matin, les deux armées se trouvèrent en présence. Ainsi donc la fortune voulut que le sort de l'Egypte se décida sur ce même point d'Aboukyr où, un an auparavant, les Français avaient essuyé un si grand désastre (1er août 1798, bataille navale d'Aboukyr.)

A sept heures, l'ordre de l'attaque fut donné, et l'armée française s'ébranla. L'aile gauche, aux ordres des généraux Lanusse, Destaing

et Fugières , composée des 18ᵉ et 32ᵉ demi-brigades, engagea le combat le long de la mer ,
et la première ligne des retranchemens fut em-
portée avec une ardeur extrême. Les Turcs ,
poursuivis, se retirèrent dans la redoute prise
le 15. La 18ᵉ voulut l'enlever d'assaut; mais
ayant éprouvé une trop vive résistance , elle
fut obligée de se replier pour mieux combiner
ses attaques. Les Turcs sortent alors de la redoute et chargent la gauche des Français, qu'ils
repoussent jusqu'au quartier-général.

Voyant sa ligne rompue, le général Bonaparte , au milieu de la mitraille, faisait tous ses
efforts pour rétablir le combat. Un caisson,
rempli de gargousses, prit feu à côté de lui,
mais il n'en fut point blessé, et son habit seulement fut brûlé. De toutes parts on se battait avec
acharnement, mais les Français avaient quitté
l'offensive et la victoire paraissait pencher vers
leurs ennemis, lorsque les Turcs, profitant de
leur premier succès pour se livrer à un usage
barbare établi dans les armées ottomanes, four-
nirent eux-mêmes à l'armée française le moyen
de les vaincre.

Le général Murat (1) , qui commandait la

(1) Depuis grand-duc de Berg , roi de Naples , et fusillé en
1815 dans ce royaume, par l'ordre du roi actuel.

cavalerie et se trouvait au centre de l'armée,
s'étant aperçu que les Turcs, sortis tous de la redoute à la poursuite de l'aile gauche des Français;
séduits par l'appât de la récompense qui leur
est promise, ne s'occupaient plus que de couper la tête des morts et des blessés, et laissaient
par-là la redoute sans défense, profita aussitôt
de cette faute. Il lança rapidement une partie
de sa cavalerie entre la redoute et la mer, tandis que l'autre entra dans les retranchemens;
et notre aile droite secondant son mouvement
en attaquant la gauche de l'ennemi, la redoute
fut enlevée.

Les Turcs se voyant ainsi coupés, voulurent
rétrograder, mais ils se trouvèrent entre deux
feux. La 18ᵉ et la 32ᵉ se rallièrent, et reprenant l'offensive, elles les acculèrent entre la
mer et notre cavalerie. Le carnage fut horrible,
et ces malheureux, ignorant jusqu'aux coutumes
les plus simples de la guerre, ne pensèrent pas
même à se rendre prisonniers. Peut-être aussi
la haine qu'ils portent *aux infidèles* leur fit-
elle préférer la mort. Ils furent tous massacrés
ou poussés dans la mer, où la cavalerie les poursuivit encore jusqu'à ce qu'elle les vît tous noyés.
Trois mille hommes y périrent. L'armée française s'avança alors sur la seconde position de

l'ennemi. Le général Murat attaqua et força le village situé entre la redoute et le fort d'Aboukyr. Le général Lannes aborda la seconde ligne, qui fut enfoncée avec plus de facilité encore que la première. Les 22ᵉ et 69ᵉ demi-brigades ayant sauté dans les fossés, gravirent le parapet, emportèrent les retranchemens, et tout fut culbuté. Le camp entier des Turcs devint la proie des soldats. Le général Murat pénétra lui-même jusqu'à la tente de Seid-Mustapha, pacha de Romélie, commandant l'armée turque, et courut à lui pour en faire son prisonnier. Celui-ci alla à sa rencontre, et à l'instant où le général français s'avançait pour l'arrêter, Mustapha lui tira un coup de pistolet dont la balle l'atteignit au-dessous de la mâchoire inférieure, mais ne le blessa que légèrement. Murat, d'un coup de sabre, lui abattit une partie de la main, et l'ayant saisi aussitôt, il le fit conduire au quartier-général.

Les Turcs, ainsi enfoncés et dans le plus épouvantable désordre, coururent vers la mer, afin de joindre les embarcations que leur envoyait la flotte mouillée à une lieue et demie de la côte ; mais ces embarcations, encore trop éloignées, ne purent les recevoir, et tous les fuyards se noyèrent. De toute cette armée qui devait faire la conquête de l'Egypte, il ne se sauva que trois mille hommes qui, s'étant retirés dans le fort d'Aboukir, se rendirent le 2 août suivant, et deux cents hommes qui furent pris avec Seid-Mustapha. Tout le reste périt, et le même rivage, où un an auparavant les flots avaient porté les cadavres français et anglais, fut couvert de ceux des musulmans.

Cette victoire coûta beaucoup de sang aux Français, qui eurent trois cents morts et un grand nombre de blessés. Parmi les premiers, on doit citer l'adjudant-général Leturcq, les chefs de brigade Duvivier et Crétin, et l'aide-de-camp du général Bonaparte, Guibert. Ces officiers, d'un grand mérite, avaient l'estime de l'armée, et elle ressentit vivement leur perte.

Le général Fugières eut le bras gauche emporté à la tête de la 18e demi-brigade. Sa blessure était si grave qu'il crut mourir (1). Le général Bonaparte l'étant allé voir, Fugières lui dit : *Général, vous envierez un jour mon sort; je meurs au champ d'honneur.* Paroles que les événemens ont rendues bien remarquables, et que peut-être depuis, pour son malheur, le pri-

(1) Le général Fugières ne mourut pas; on lui amputa le bras à l'omoplate, et il se rétablit quelque tems après.

sonnier de Sainte-Hélène se sera rappelé plus
d'une fois.

Le jour même de la bataille d'Aboukyr, le
siége fut mis devant le fort de ce nom, et le
général Bonaparte retourna à Alexandrie, d'où
il se rendit au Kaire quelques jours après.

Lorsque le général Bonaparte s'éloigna du
Kaire pour marcher vers Aboukyr; dans le
but de prévenir, en tant qu'il serait en son pouvoir, une nouvelle insurrection, soit dans cette
ville, soit dans les provinces, il écrivit au divan qui y était établi depuis l'arrivée des Français. La singularité de cette lettre nous engage
à la rapporter ici.

Au divan du Caire, choisi parmi les gens les plus sages,
les plus instruits et les plus éclairés.

« Que le salut du prophète soit avec eux!
» Je vous écris cette lettre pour vous faire connaître
» qu'ayant parcouru le Bahireh pour y rétablir la tran-
» quillité, nous avons accordé un pardon général à
» la province.
» Quatre-vingts bâtimens petits et gros se sont pré-
» sentés devant Alexandrie, et ont été mouiller à
» Aboukyr, où ils commencent à débarquer. Je les
» laisse faire, parce que mon intention est, lorsqu'ils
» seront tous débarqués, de les attaquer, de tuer tout

» ce qui ne voudra pas se rendre, et de laisser la vie
» aux autres pour les mener prisonniers, ce qui sera
» un beau spectacle pour la ville du Caire. Ce qui avait
» conduit cette flotte ici était l'espoir de se réunir aux
» Mamlouks et aux Arabes, pour piller et dévaster
» l'Egypte. Il y a sur cette flotte des Russes, qui ont
» en horreur ceux qui croient à l'unité de Dieu, parce
» que, selon leurs mensonges, ils croient qu'il y en
» a trois; mais ils ne tarderont pas à voir que ce
» n'est pas le nombre des dieux qui fait la force, et
» qu'il n'y en a qu'un seul, père de la victoire, clé-
» ment et miséricordieux, et qui, dans sa sagesse, a
» décidé que je viendrais en Egypte pour en changer
» la face. Il donne par-là une marque de sa haute
» puissance; car ce que n'ont jamais pu faire ceux qui
» crurent à trois, nous l'avons fait, nous qui croyons
» qu'un seul gouverne la nature et l'univers.

» Et quant aux musulmans qui pourraient se trou-
» ver avec eux, ils seront réprouvés, puisqu'ils se sont
» alliés, contre l'ordre du prophète, à des puissances
» infidèles et à des idolâtres. Ils ont donc perdu la
» protection qui leur aurait été accordée; ils périront
» misérablement. Le musulman qui est embarqué sur
» un bâtiment où est arborée la croix, celui qui tous
» les jours entend blasphémer contre le seul Dieu, est
» pire qu'un infidèle même.

» Je désire que vous fassiez connaître ces choses
» aux différens divans de l'Egypte, afin que les mal-
» intentionnés ne troublent point la tranquillité des
» différens villages; car ils périraient comme Daman-

12

» hour et tant d'autres qui ont, par leur mauvaise con-
» duite, mérité ma vengeance. »

Le 25 juillet 1812. COMBAT D'OSTROWNO.

Grande
armée.
—
Russie.

Pendant que le maréchal Davout, avec une partie de l'aile droite de l'armée française, battait les Russes à Mohilow (23 juillet), le centre poussant toujours l'ennemi, s'avançait jusque sur la Dwina. Les savantes manœuvres de l'empereur Napoléon avaient obligé le général en chef Barclay de Tolly d'évacuer le camp retranché établi à grands frais sur les bords de la Dwina, devant Drissa, et de se retirer précipitamment sur Witepsk, en remontant la rive droite de la Dwina.

Le 24 juillet, le roi de Naples (Murat), qui depuis l'ouverture de la campagne était toujours à l'avant-garde, se porta de Beszenkowiczi, où étaient Napoléon et le gros de l'armée, sur la route de Witepsk, avec les divisions de cavalerie Bruguières et Saint-Germain, et le 8ᵉ régiment d'infanterie légère.

Le 25, la division Bruguières, qui faisait tête de colonne, rencontra à Dolgaïa, près d'Ostrowno (gros bourg), la cavalerie du corps du général russe Osterman, qui venait en reconnais-

sance sur Beszenkowiczi. Le général Bruguières chargea vivement cette cavalerie, la culbuta,
la poursuivit jusque sur l'infanterie ennemie,
placée en bataille entre deux bois, et lui prit
sept pièce de canons. Le roi de Naples étant
alors arrivé avec la division Saint-Germain et
le 8e léger, engagea une forte canonnade, et on
manœuvra de part et d'autre.

Le général Osterman essaya d'abord de déborder la droite de notre cavalerie, puis ensuite la gauche, où se trouvait le 8e léger; mais
ayant échoué dans ces deux mouvemens par-
tiels, il voulut, profitant de sa grande supériorité, tenter de tourner nos deux ailes à-la-fois;
mais à peine son infanterie eut-elle débouché
des deux côtés dans ce dessein, qu'elle fut chargée et renversée en désordre dans les bois à
nos deux ailes.

Le combat en était là, lorsque la division
d'infanterie du général Delzons arriva mena-
çant, en débouchant la droite d'Osterman. Les
Russes se mirent aussitôt en retraite, et furent
poursuivis sur la grande route.

La perte de l'ennemi, dans cette journée, fut
de six cents prisonniers, huit canons, et environ cinq cents morts. Nous y perdîmes deux

cents hommes. Le général de brigade Piré (1), commandant le 8ᵉ de hussards et le 16ᵉ de chasseurs, le 7ᵉ régiment de hussards et le 9ᵉ de lanciers, se distinguèrent particulièrement dans ce combat qui, après celui de Mohilow, était le plus considérable que l'armée française eût eu à soutenir depuis le commencement de la campagne.

Le 25 juillet 1813. COMBATS DU COL DE RONCEVEAUX ET DU COL DE MAYA.

Espagne.

Après la bataille de Vittoria (21 juin), l'armée française, sous les ordres du roi Joseph, se retira jusqu'aux Pyrénées. Le maréchal Soult quitta la grande armée à Dresde, et vint prendre le commandement de celle-là. Ayant reçu l'artillerie qui lui était nécessaire, il résolut de reprendre l'offensive, afin d'aller secourir Pampelune et Saint-Sébastien, que l'armée alliée assiégait. En conséquence, il attaqua les Anglais sur la Bidassoa le 25 juillet, les généraux Clausel et Reille au col de Ronceveaux, et le général Drouet au col de Maya. Les en-

(1) Aujourd'hui lieutenant - général, porté sur la seconde liste du 24 juillet 1815.

nemis furent partout repoussés, et perdirent huit pièces de canon dans cette journée.

~~~~~~~~~~~~~~~~~

Le 26 juillet 1796 (8 *thermidor an* 4). **Prise du fort de Kœnigstein.**

Lorsque l'armée de Sambre-et-Meuse s'emparaît de Francfort-sur-le-Mein (16 juillet), son aile droite, aux ordres du général Marceau, contenait la garnison de Mayence, et investissait les forts d'Erenbreitstein et de Kœnigstein. Ce dernier, que défendait une garnison autrichienne de six cents hommes et vingt pièces de canon, se rendit le 26 juillet, après un simple investissement de dix jours.

Armée de Sambre-et-Meuse.

Aux *Ephémérides* du mois de mars, nous verrons ce même fort défendu par quatre cents Français, commandés par le brave capitaine Meusnier, tué depuis général de brigade au siége de Mayence (23 juillet), résister, pendant quatre mois, à une armée prussienne, et ne se rendre que lorsque la famine ne laissa plus à la garnison la force de combattre.

Le 26 juillet 1809. **Combat d'Alcabon.**

L'armée française aux ordres du roi Joseph

Espagne.

se portait de Madrid sur l'armée anglo-espagnole qui, sortant du Portugal, s'avançait en
remontant la rive droite du Tage. Le général
Latour-Maubourg, commandant la cavalerie
du 1er corps, rencontra l'avant-garde ennemie,
forte de six mille hommes, près de Torrijos,
et la fit replier sur Alcabon, où celui-ci prit
position et se maintint quelque tems ; mais
aussitôt que l'ennemi vit déboucher notre infanterie, il se mit en retraite. Notre cavalerie le
poursuivit vivement : le 2e de hussards et le 5e de
chasseurs, commandés, le premier par le chef
d'escadron Hubiné de Soubise, et le second
par le colonel Bonnemain, lui firent éprouver
de grandes pertes au défilé d'Alcabon, dans plusieurs charges aussi heureuses que brillantes.
Le régiment espagnol des dragons de Villa-Vi-
ciosa y fut presque entièrement détruit.

Le 26 juillet 1812. COMBAT DE KUKOWIACZI
EN AVANT D'OSTROWNO.

Grande
armée.
—
Russie.

Battu à Ostrowno (25 juillet), le corps
russe d'Osterman se replia, et pendant la nuit
ayant reçu des renforts, il prit position le 26
au matin en arrière du village de Kukowiaczi,
ayant son front couvert par un ravin, et ses

deux ailes appuyées à des bois. Le roi de Naples (Murat) commandant l'avant-garde de
l'armée française, engagea l'affaire vers les huit
heures du matin. Le 8ᵉ léger, la division Delzons, du 4ᵉ corps aux ordres du prince Eugène,
vice-roi d'Italie ; les divisions de cavalerie
Bruguières et Saint-Germain, étaient en première ligne ; le 4ᵉ corps venait ensuite. L'artillerie du 4ᵉ corps, commandée par le général
Danthouard, officier dont les talens égalent la
bravoure, commença la canonnade. Le roi de
Naples fit d'abord attaquer l'aile droite des
Russes par un régiment de hussards, qui fut
repoussé. Le général Huard, de la division
Delzons, avec sa brigade, composée du 84ᵉ et
d'un régiment croate, marcha à l'ennemi. Le
premier choc fut à son avantage ; mais Osterman ayant fait soutenir son aile droite, le général Huard fut repoussé, et les Russes passèrent le ravin en s'avançant dans la plaine. Le
roi de Naples fit alors charger cette colonne par
la cavalerie polonaise, qui la rompit et la mit
n fuite. Peu de tems après, le général Huard
ayant reçu deux bataillons du 106ᵉ, reprit l'offensive. Le général Roussel, avec le 92ᵉ, soutenu par le régiment de chasseurs de la garde

italienne, força le débouché du bois où l'ennemi était embusqué. La brigade de cavalerie du général Girardin, qui était à notre extrême gauche, par un changement de front à droite tomba sur ses derrières, et le général Piré joignit la gauche des Russes. Cette charge générale réussit ; l'ennemi, ébranlé, se mit aussitôt en retraite, se défendant néanmoins opiniâtrément à la faveur des bois qu'il traversait.

Pour précipiter le mouvement rétrograde des Russes, le roi de Naples ordonna à notre cavalerie de s'élancer à leur poursuite ; mais les difficultés du terrain, coupé de bois et de ravins, mettant du retard dans l'exécution de ses ordres, il tire son épée, s'écrie : *Que les plus braves me suivent ;* et plein d'un enthousiasme chevaleresque, il s'élance le premier à l'ennemi. Electrisés par son exemple, nos escadrons se précipitent sur ses pas, et dès-lors l'ennemi abandonna tout le champ de bataille.

La tenacité de l'ennemi, dans cette journée, avait d'abord fait croire que toute l'armée russe était réunie en arrière du corps d'Osterman ; mais l'empereur Napoléon étant arrivé vers les quatre heures du soir, devina que le général en chef russe n'avait fait faire le mouvement offensif du général Osterman que pour mieux couvrir sa retraite, et, dès-lors, au lieu d'attendre de nouvelles troupes pour marcher à l'ennemi, il le fit suivre aussitôt sur la route de Witepsk, par où celui-ci se retirait.

Le 27 juillet 1794 (9 thermidor an 2). PRISE D'ANVERS.

Après l'occupation de Bruxelles, les deux armées du Nord et de Sambre-et-Meuse s'étaient divisées, la première marchant vers la Hollande, et la seconde vers la Meuse. Le général Pichegru se porta sur Anvers, et le 27 juillet il se présenta devant cette ville. Trois mille Anglais défendaient encore le fort Lillo ; mais à la première sommation du général français ils l'évacuèrent, et l'armée du Nord prit aussitôt possession d'Anvers, où elle trouva trente pièces d'artillerie et une grande quantité de munitions et de vivres.

Le 27 juillet 1794 (9 thermidor an 2). PRISE DE LIÉGE.

Pendant que l'armée anglaise se retirait devant Pichegru, le prince de Cobourg, commandant l'armée autrichienne, se retirait de-

Armée du Nord.

Armée de Sambre-et-Meuse.

vant l'armée de Sambre-et-Meuse. Le général
Jourdan, suivant l'ennemi dans sa retraite, arriva sur la rive gauche de la Meuse, où l'ennemi n'avait laissé qu'un corps de dix mille
hommes devant Maëstrich, et un de pareille
force devant Liége. Le général Hatry, qui
commandait l'aile droite de l'armée de Sambre - et - Meuse, attaqua le 27 juillet les Autrichiens postés devant cette dernière place, les
culbuta, et pénétra avec eux dans la ville. Le
peuple, qui depuis le commencement de la
guerre s'était plus d'une fois déclaré pour les
Français, barra le passage du pont aux Autrichiens. Trois cents prisonniers et deux pièces
de canons restèrent au pouvoir du général
Hatry.

Le 27 juillet 1794 (9 *thermidor an* 2). COMBAT
DANS LA VALLÉE DE BASTAN.

Armée des
Pyrénées
occidentales.

Le même jour où la chute du sanguinaire
Roberspierre livrait la France à l'espérance
d'un meilleur avenir, et où les généraux Pichegru et Jourdan s'emparaient d'Anvers et
de Liége, l'armée des Pyrénées occidentales
remportait aussi une victoire sur les Espagnols.

Depuis le combat d'Arquinzun, les deux ar-

mées belligérantes dans cette partie des Pyrénées étaient restées dans l'inaction. Le général
Muller, commandant en chef cette armée,
voulant pénétrer dans la vallée de Bastan,
donna l'ordre d'un attaque générale le 26 juillet. Les généraux Moncey et Laborde, commandant la gauche et le centre, repoussèrent
d'abord les Espagnols. Le 27, le général Dessein, commandant la droite, trouve l'aile gauche ennemie retranchée sur un rocher escarpé,
appelé le *Commissari,* dont les deux mamelons étaient couronnés par deux fortes redoutes ; il se met à la tête de la division, fait attaquer les redoutes par trois côtés différens, et
après avoir perdu le tiers de son monde, il par-
vient à escalader les parapets et à chasser l'ennemi de ce poste, qui jusqu'alors avait paru
inexpugnable. Les Espagnols, obligés de repasser la Bidassoa, laissèrent aux Français la
libre possession de la vallée de Bastan.

Le 27 juillet 1812. COMBAT DEVANT WITEPSK.

Après les deux combats d'Ostrowno et de
Kukowiaczi (25 et 26 juillet), l'armée française continua son mouvement offensif sur
Vitepsk le 27 au matin. La cavalerie légère,
aux ordres du roi de Naples, soutenue de la

Grande
armée.
—
Russie.

division Broussier, du 4ᵉ corps, marchait en
tête. Elle rencontra l'avant-garde ennemie en
bataille, ayant son front couvert par un large
ravin, sa droite à la Dwina et sa gauche à un
bois épais. Le général Broussier arriva au ravin, et ayant rétabli un pont que l'ennemi avait
brûlé, il déboucha sur la droite des Russes à la
tête'des 9ᵉ et 53ᵉ régiment. Dans le même moment, le général Bertrand de Sivray avec le
18ᵉ léger, soutenu de la division Delzons,
attaquait la gauche ennemie, et le roi de Naples,
avec la cavalerie, se portait sur les batteries
établies dans le bois. Le choc fut vif, et les
Russes, repoussés partout, furent obligés de se
retirer derrière la Luczissa.

Toute l'armée russe, aux ordres du général
Barclay de Tolly, forte de cent mille hommes,
était en bataille sur deux lignes derrière cette
rivière, peu profonde à la vérité, mais dont
les bords relevés formaient un ravin escarpé
très-difficile à passer sous le feu d'une artillerie
nombreuse. L'armée française était sur l'autre
bord, réunie au nombre de cent trente mille
hommes. On fit passer le ravin aux voltigeurs
de la division Broussier; ceux de la division
Pino s'emparèrent des chantiers qui se trouvaient à l'embouchure de la Luczissa dans la

Dwina, et se maintinrent dans ce retranchement naturel pour assurer le passage de la rivière sur ce point. Le colonel du génie Liédot, faisant la reconnaissance de cette position, y fut tué.

La nuit arriva et fit cesser les opérations. L'armée française bivouaqua dans sa position en ordre de bataille, s'attendant à voir le lendemain une bataille générale décider du sort de la Russie; mais Barclay de Tolly ayant reçu dans la journée des nouvelles du prince Bagration, qui lui apprenait que, n'ayant pu forcer le pasage de Mohilow (23 juillet) pour marcher sur Witepsk, il avait été contraint de passer le Dniéper, et de le remonter par la rive gauche jusqu'à Smolensk; le général russe prit la résolution de se soustraire à une affaire générale dont il craignait le résultat, et effectuant sa retraite au milieu de la nuit, il se retira sur Smolensk pour y opérer sa jonction avec Bagration.

Le lendemain 28, l'armée française entra dans Witepsk, et suivit le mouvement rétrograde de l'ennemi.

Le 27 juillet 1813. COMBAT DE SARAUZEN.

Après le combat de Roncevaux et du col de   Espagne.

Maya (25 juillet), le maréchal Soult continue à pousser devant lui les anglo-espagnols, qui s'opposaient au ravitaillement de Pampelune. Le village de Sarauzen est emporté d'assaut, et l'ennemi repoussé sur tous les points.

wwwwwwww

Le 28 juillet 1793 (10 *thermidor an* 1ᵉʳ).

REDDITION DE VALENCIENNES.

Armée du Nord.   Après la prise de Condé (12 juillet), l'armée coalisée employa une grande partie de ses forces contre Valenciennes. Cette place était défendue par une garnison de dix mille hommes que commandait le général Ferrand, brave militaire et officier de mérite ; mais les habitans étaient loin de partager le patriotisme et le courage que les Lillois avaient déployés l'année précédente contre les attaques de l'ennemi. Lorsque tous les corps de la garnison et les autorités administratives prêtèrent le serment de défendre la place jusqu'à la dernière extrêmité, un grand nombre se dispensèrent d'y assister, et donnèrent par-là les premiers indices d'une opinion qui, comprimée pendant trois mois, finit cependant par éclater et ouvrir les portes aux coalisés.

L'attaque régulière de Valenciénnes com-

mença le 30 mai 1793. Le 14 juin, le duc d'York
somma la place de se rendre, mais le général
Ferrand lui ayant envoyé pour toute réponse
le procès-verbal du serment prêté quelques jours
auparavant, les batteries ennemies furent démasquées et une grêle d'obus et de bombes
portèrent l'incendie et la désolation dans tous
les quartiers de la ville. Le 17, une partie de la
garnison fit une sortie dans laquelle, après avoir
chassé les travailleurs, elle fut repoussée dans
la place. Le 18, le feu de l'ennemi redoubla
avec une nouvelle violence et continua sans in-
terruption pendant le mois de juin et celui de
juillet. Les habitans s'insurgèrent plusieurs fois
contre les autorités, qu'ils voulaient forcer à
se rendre ; cependant telle était l'énergie toujours croissante de la garnison que, réduite de
près de moitié, elle résistait en même tems
aux attaques de l'ennemi du dehors et aux me-
naces sans cesse réitérées des habitans. L'espoir d'être secourus par l'armée du Nord soutenait le courage des soldats ; ils avaient une
telle confiance dans Custines, qui commandait
cette armée, qu'un soldat du bataillon de Cha-
rente, atteint d'une grenade à la tête, s'écriait
en tombant : « Ah ! Custines, quand viendras-tu
nous venger ? » Cependant l'armée du Nord

ayant été repoussée, la ville étant presque en entier détruite, les remparts écroulés et plusieurs brèches énormes pratiquées, le duc d'York, qui préparait un assaut, fit de nouveau, le 28 juillet, sommer les assiégés. A peine cette nouvelle eut-elle circulé dans la ville que les habitans s'attroupèrent en tumulte et vinrent entourer la chambre du conseil, en criant qu'il fallait capituler. La fermentation allait toujours croissant et présageait les plus grands malheurs, lorsque le conseil prit enfin la résolution de capituler. Les coalisés prirent possession de la place le jour même, et la garnison sortit six jours après pour retourner en France, avec promesse de ne point servir d'un an contre les armées alliées.

Les habitans, qui haïssaient le gouvernement républicain et portaient tous leurs vœux vers la famille royale, témoignèrent toute la joie qu'ils ressentaient du changement opéré dans leur sort, et le prince de Lambesc ayant paru sur la place, fut accueilli avec enthousiasme par des acclamations de *vive notre bon prince ! vive notre libérateur !*

Un bombardement de quarante jours avait réduit en cendre une grande partie de la ville ; les maisons qui restaient étaient toutes endommagées. Deux cent mille boulets, trente mille obus et quarante mille bombes avaient été tirés par les assiégeans. Vers la fin du siége, le duc d'York, qui voyait sensiblement diminuer ses projectiles, pour y suppléer, avait fait dépaver les routes et les villages voisins pour accabler les assiégés de cette grêle effroyable.

Le 28 juillet 1794 (10 *thermidor an* 2). PRISE DE L'ÎLE DE CADZAND.

Après la prise de Nieuport (18 juillet), et pendant que Pichegru, commandant en chef l'armée du Nord, marchait sur Anvers et s'emparait de cette ville (27 juillet), le général Moreau résolut le siége du fort de l'Ecluse. Cette opération présentait de grands obstacles, dont le principal était de s'emparer de l'île de Cadzand, où l'on ne pouvait aborder que par une digue étroite, inondée de tous côtés et défendue par de nombreuses batteries. Moreau n'avait ni pontons, ni grandes barques, quelques batelets seulement, dépourvus d'avirons, étaient à sa disposition ; l'audace des Français suppléa à cette insuffisance de moyens de passage. Tandis que sous le feu des batteries, des soldats s'élancent dans les batelets dont ils forment les cordages en liant les uns aux au-

Armée
du Nord.

13

tres leurs cravates et leurs mouchoirs, d'autres se jettent à la nage, s'attachent au cou ces cordes d'un nouveau genre, et conduisent leurs camarades à la rive opposée.

A la vue d'une telle intrépidité, les Hollandais, après une faible résistance, évacuent leurs postes, laissant au pouvoir des Français leurs canons et l'île de Cadzand (1).

Le 28 juillet 1799 (10 thermidor an 7). REDDITION DE MANTOUE.

Armée d'Italie.

Après la sanglante bataille de Magnano (5 avril) et celle de Cassano (27 avril), qui obligèrent l'armée française, en Italie, à se retirer sur les forteresses du Piémont, le général Souvarow, profitant de ses succès, bloqua toutes les places fortes que les Français tenaient encore dans le pays que leur armée abandonnait ; le général Kray fut chargé des opérations sur Mantoue, que défendait le général Foissac-Latour avec dix mille sept cents hommes. Quoique cette garnison fût insuffisante à cause de l'immense développement des ouvrages extérieurs, et qu'à l'exception de quelques corps

(1) Le jour où Moreau s'emparait de l'île de Cadzand, son père, avocat à Rennes, portait dans cette ville sa tête sur l'échafaud.

elle ne fût composée que de troupes auxiliaires, italiennes, suisses et hollandaises, le général français s'était parfaitement soutenu pendant le blocus, en entretenant au-dehors une petite guerre très-active.

La perte de la bataille de la Trébia par les Français (19 juin), et le combat de San-Giuliano (20 juin), ayant laissé au général Souvarow la facilité de réunir un gros corps de troupes, le général Kray commença le siége de Mantoue le 10 juillet, avec un corps de quarante mille hommes et deux cents bouches à feu. La première parallèle fut ouverte dans la nuit du 14 au 15, et les ouvrages des assiégeans cheminèrent les jours suivans jusqu'à deux cent soixante toises du corps de la place. Le 24 juillet, toutes les batteries ennemies furent démasquées et ouvrirent leur feu avec une telle violence et un tel succès, qu'en moins de deux heures les batteries françaises furent réduites au silence, et que trois bastions furent bouleversés. Dans la nuit qui suivit, les ennemis attaquèrent sur deux points différens, et s'établirent au pied du glacis de Pradella, bastion le plus rapproché de l'enceinte. Le 25, le général Foissac-Latour fit évacuer le fort Saint-

George , que l'ennemi menaçait d'enlever d'assaut. Le 26 et le 27, le feu des batteries autrichiennes fut doublé : elles tirèrent jusqu'à douze
mille coups dans vingt-quatre heures. Enfin ,
toutes les défenses étant ruinées, les revêtemens
écroulés, la ville presque ouverte ; la garnison,
qui perdait quatre cents hommes par jour par
le feu ou les maladies, et qui se trouvait réduite à trois mille cinq cents hommes, ne suffisant plus au service et étant hors d'état de
soutenir un assaut, le général français demanda à capituler sur une dernière sommation qui
lui fut faite par le général Kray le 28 juillet.
Le 30 , la garnison sortit avec les honneurs de
la guerre. D'après les articles de la capitulation, quoique considérée comme prisonnière ,
elle fut renvoyée en France ; et les officiers,
après avoir séjourné trois mois dans les Etats
autrichiens comme otages, rentrèrent dans leur
patrie sur leur parole d'honneur de ne pas porter les armes contre les alliés.

Ainsi, deux ans et demi après que Mantoue
fut pris par les Français dans la première et
brillante campagne du général Bonaparte, cette
place retourna au pouvoir des Autrichiens.

Le 28 *juillet* 1809. BATAILLE DE TALAVEYRA
DE LA REYNA (1).

Espagne.

Après la mort du général sir John Moore, tué à la Corogne en janvier 1809, sir Arthur Wellesley (depuis lord Wellington) prit la direction générale des armées anglaises dans la Péninsule. Ce général, nouvel exemple des caprices de l'aveugle fortune, commençait alors cette longue série d'événemens favorables qui, malgré de grandes et de nombreuses fautes, lui ont acquis une si bruyante renommée.

Vers le milieu de juillet 1809, sir Arthur Wellesley, qui occupait les frontières de Portugal avec une armée de trente mille Anglais et de cinq mille Portugais, voyant les armées françaises répandues sur presque toute la surface de l'Espagne, et morcelées par corps d'armée peu nombreux, résolut de profiter de cette circonstance pour marcher sur Madrid, où se trouvait le roi Joseph Bonaparte, ayant seulement quelques mille hommes pour la garde de sa capitale. Il se concerta en conséquence avec les généraux espagnols, et tandis que le général Vénégas, avec un corps de trente mille hom-

(1) Ouvrages publiés. — Rapports et journaux français et étrangers. — Notes et Mémoires manuscrits communiqués.

mes, se dirigeait par la Manche sur Madrid, ayant réuni ses troupes à Plasencia, il se porta sur le même point par l'Estramadure, en remontant la rive droite du Tage, et le 20 juillet il fit sa jonction à Oropesa, par les ponts d'Almaraz et de l'Arzobispo, avec le général Cuesta, qui commandait à quarante mille hommes. Ainsi donc plus de cent mille hommes allaient tendre au même but. Pour y atteindre, le plan du général anglais était de forcer d'abord le maréchal, Victor commandant le 1er corps, dans la position qu'il occupait sur l'Alberche, de se joindre ensuite à Tolède au corps de Vénégas, et avec cette nombreuse armée réunie, de marcher sur Madrid. Il se flattait que les Français, ne pouvant réunir à tems des forces capables de lui résister, seraient contraints d'évacuer cette ville, et qu'alors, installant dans la capitale de l'Espagne la junte suprême, celle-ci aurait une attitude plus imposante et prendrait des mesures plus efficaces pour le maintien et la propagation de l'insurrection.

A la nouvelle de la marche de l'armée anglo-espagnole, Joseph se hâta de faire ses dispositions pour parer au danger qui le menaçait. Le 22 juillet, il envoya l'ordre au maréchal Soult, duc de Dalmatie, qui, posté à Salamanque, observait les armées insurgées des Asturies et de la Galice, de prendre le commandement des corps des maréchaux Ney et Mortier, et de se porter en quatre marches sur Plasencia, afin d'y couper la ligne de communication de l'ennemi, ou du moins de le forcer, par cette crainte, à ralentir sa marche sur Madrid. Ce mouvement du maréchal Soult, qui disposait alors de cinquante mille hommes (1), était décisif, puisqu'il plaçait l'ennemi entre deux armées, et sa réussite était d'autant plus certaine que celui-ci, dans sa présomption, n'avait laissé, pour couvrir son flanc gauche et ses derrières, qu'un corps de six cents hommes placé à Puerto-de-Banos, par où il était probable que déboucheraient les Français venant de Salamanque (2).

(1) Nous croyons devoir observer ici que, dans l'évaluation des forces françaises et alliées, nous ne sommes point d'accord avec le Moniteur, qui rend compte de ces opérations. Napoléon, qui ne voulait pas qu'on pût mettre en doute, soit en France, soit en Europe, la prompte soumission de l'Espagne, avait pris le parti, dans tous les rapports des opérations militaires, de grossir les forces de l'armée française et de diminuer celles des ennemis. Les documens certains et nombreux que nous avons sous les yeux nous mettent à même de redresser ces sortes d'erreurs, qui se rencontrent si souvent dans les publications officielles.

(2) Le général anglais, dans son rapport, fait lui-même l'aveu de cette faute.

Le général Sébastiani, qui couvrait Madrid avec le 4ᵉ corps, observant de Madridejos la marche de Vénégas, se rapprocha à marche forcée, et vint à Tolède pour y passer le Tage, dans le dessein de se joindre au maréchal Victor sur l'Alberche. Le 23 juillet, Joseph, ayant sous lui le maréchal Jourdan pour diriger les opérations, partit lui-même de sa capitale avec sa garde et quelques régimens français sous les ordres du général Dessolles, pour se réunir au 1ᵉʳ corps sur l'Alberche, afin de tâcher d'arrêter l'ennemi assez long-tems pour attendre la réunion du 4ᵉ, et le résultat de la marche du duc de Dalmatie.

Ayant appris que l'avant-garde du 1ᵉʳ corps avait été forcée d'évacuer Talaveyra le 22; que le maréchal Victor, menacé d'être attaqué par des forces supérieures le 24, avait quitté sa position sur l'Alberche pour faire sa jonction avec le général Sébastiani, qui arriva à Tolède le 25, après avoir habilement masqué son mouvement à Vénégas, le roi changea de direction, marcha aussi sur Tolède, et le 25 se réunit au 1ᵉʳ corps, qui prit position sur la rive gauche du Guadarama. L'armée française, ainsi réunie, s'élevait à peine à quarante-quatre mille hommes. C'était bien peu, sans doute, pour couvrir Madrid devant une armée plus que double, et il était peut-être préférable de se tenir sur la défensive et de faire une guerre de chicane en attendant que le maréchal Soult pût opérer sa diversion, plutôt que de prendre l'offensive. Mais il était à craindre aussi qu'en laissant s'engager davantage l'armée anglo-espagnole, qui déjà avait poussé un corps de dix mille hommes, aux ordres du général Robert Wilson (1), par la rive droite de l'Alberche jusqu'à quatre lieues de Madrid, elle ne gagnât une marche, et ne devançât sur cette ville l'armée française. D'un autre côté, Vénégas pouvait arriver sur le Tage d'un moment à l'autre, et ce fleuve, guéable en plusieurs endroits aux environs d'Aranjuez, lui offrait, pour arriver sur la capitale, un libre passage que les Français, par suite de leur faiblesse numérique, étaient hors d'état de défendre. La nécessité força donc le général français à risquer les chances de l'offensive, et l'armée anglo-espagnole paraissant la plus à redouter, il marcha à elle. Trois mille hommes furent laissés à Tolède pour garder les ponts sur le Tage et forcer Vénégas à remonter le fleuve jusqu'à Aranjuez,

(1) Le même qui fit évader en 1815 M. de Lavalette, ex-directeur-général des postes, de concert avec Bruce et Hutchinson.

s'il voulait le passer, ce qui retardait sa marche de trois jours. Un régiment de dragons fut en outre laissé sur la rive droite près d'Aranjuez, afin d'observer le mouvement présumé de Vénégas et en rendre compte au général Belliard, gouverneur de Madrid, qui, avec quelques troupes, était chargé de la mission difficile de maintenir dans l'ordre la nombreuse population de cette ville, qu'une fermentation alarmante agitait depuis l'approche des armées combinées.

Le 26 juillet au matin, l'armée française passa le Guadarama; son avant-garde rencontra celle de Cuesta vers Alcabon, la culbuta et la replia en désordre. Le lendemain, continuant son mouvement, elle arriva à Casa-Legas, où ayant rencontré l'avant-garde de l'armée anglaise, qui s'était avancée pour couvrir la retraite de Cuesta sur Talaveyra, elle la repoussa et la rejeta sur la rive droite de l'Alberche. Vers quatre heures après-midi l'armée passa cette rivière au gué, et le 16e d'infanterie légère de la division Lapisse ayant engagé la fusillade, aborda l'ennemi à la baïonnette et le poursuivit jusque sur le gros de son armée.

L'ennemi, que l'on avait d'abord cru voir faire des mouvemens de retraite, fut alors aperçu prenant précipitamment une position défensive sur

un beau plateau, sa droite appuyée au Tage et
couverte par de vieilles murailles, des haies de
jardin qui entourent la ville de Talaveyra, et en
avant par un vaste champ d'oliviers qui en rendait les approches plus difficiles ; sa gauche à un
mamelon élevé qui commandait la plus grande
partie du champ de bataille, séparé du prolongement des montagnes de la Castille par un vallon
d'environ trois cents toises de développement.
Le front de sa position était couvert dans sa
longueur par le lit assez escarpé d'un torrent
ou ravin alors à sec, et tous les accidens du
terrain avaient été mis à profit, soit qu'on y
eût élevé des ouvrages, soit qu'on y eût fait
des abattis. Cuesta, avec ses Espagnols, tenait
la droite ; Wellesley, avec les Anglais et les
Portugais, la gauche.

Les Français arrivèrent à portée du canon
de la ligne ennemie à l'entrée de la nuit. Le
maréchal Victor, qui formait l'avant-garde,
voulut essayer s'il ne pourrait pas, à la faveur
de l'obscurité, et avant que l'ennemi, chez lequel paraissait régner de la confusion, n'eût
pris ses dispositions, s'emparer du mamelon
qui semblait être la clef de sa position. En conséquence, il ordonna au général Ruffin de l'attaquer avec les 9ᵉ léger, 24ᵉ et 96ᵉ de ligne,

tandis que la division Lapisse opèrerait une
diversion sur le centre de l'ennemi, sans cependant s'engager. Ce plan, qui, s'il eût réussi,
mettait à découvert l'aile gauche de l'ennemi
et ne lui laissant plus d'appui pour sa ligne de
bataille, le forçait à la retraite s'il ne voulait s'exposer à une défaite totale, échoua parce qu'il ne
fut pas exécuté avec des forces suffisantes. Le 24ᵉ
régiment prit une fausse direction, trompé par
l'obscurité; le 96ᵉ fut retardé dans sa marche
par le passage du ravin. Le 9ᵉ léger arriva seul à
mi-côte du mamelon, et là, ne consultant que
son courage, il s'élança pour en atteindre la
crête, culbutant les premiers bataillons qui voulurent lui résister. Déjà il couronnait la hauteur, lorsque attaqué par une division entière,
qui arrivait en toute hâte, au moment où vainqueur il était épuisé par l'effort vigoureux qu'il
venait de faire, il fut forcé de rétrograder jusqu'au pied de la position, après avoir perdu
trois cents hommes. Le colonel Meunier, digne
chef de ce brave régiment, y reçut trois coups
de feu. Il était dix heures; nos troupes, qui
depuis deux heures du matin étaient en marche,
harassées de fatigue, avaient besoin de repos; les
hostilités cessèrent et les deux armées passèrent
la nuit à se préparer à une bataille générale.

Le 28 juillet, le soleil se leva sur les deux armées rangées en bataille. Les anglo-espagnols
occupaient la même position que la veille. Le
maréchal Victor, avec le 1er corps, tenait la
droite de l'armée française, ayant derrière lui
les divisions de cavalerie Latour-Maubourg et
Merlin; le 4e corps, aux ordres du général Sébastiani, formait l'aile gauche, ayant la division
de dragons du général Milhaud à son extrême
gauche, observant Talaveyra. La réserve, que
commandait le général Dessolles, était au centre en troisième ligne.

L'attaque infructueuse du mamelon faite la
veille avait indiqué au général ennemi quels
étaient les projets des Français, de sorte que,
sentant toute l'importance du point d'appui de
sa gauche, il le fit fortifier et garnir d'artillerie
pendant la nuit. Pressentant également que le
mamelon pouvait être tourné par le vallon à sa
gauche, il y fit descendre plusieurs corps de cavalerie anglaise, et une division espagnole qui
se posta sur le prolongement des montagnes.

Fallait-il avec quarante mille hommes en attaquer soixante-quinze mille dans une position
aussi formidable, où fallait-il les y laisser et les
observer seulement jusqu'à ce que le maréchal
Soult les forçât de la quitter? Ce dernier avis, qui

était le plus sage, était celui du maréchal Jourdan ; mais le maréchal Victor l'emporta, et l'attaque fut résolue.

La droite et le centre de l'ennemi ayant été reconnus d'un trop difficile accès, étant couverts par un terrain coupé de ravines profondes et par de vastes champs d'oliviers qui empêchaient tout développement, on se décida à faire de nouveaux efforts sur la gauche de la ligne, comme le seul point vulnérable. En conséquence, vers les huit heures du matin, les 9ᵉ, 24ᵉ et 96ᵉ régimens, qui la veille avaient été engagés sur le mamelon, renouvelèrent leur attaque contre cette position, ayant à leur tête les généraux Ruffin et Barrois. Après de grandes pertes, parvenus jusqu'au sommet du mamelon, ils allaient le couronner et déjà étaient prêts d'enlever les pièces, lorsque leur choc fut arrêté par des troupes fraîches, et, repoussés, ils furent contraints de rétrograder jusqu'à leur première position.

La chaleur brûlante du milieu du jour força les deux partis à suspendre le combat et à observer une espèce de trève non consentie pendant laquelle on releva les blessés. Le roi Joseph et le maréchal Jourdan ayant parcouru la ligne, reconnurent alors qu'une attaque générale sur tout le front était indispensable, afin de profiter de quelque heureuse chance que le combat pouvait amener sur un point où sur un autre. Vers trois heures, la canonnade s'engagea sur toute la ligne. La division Leval, du 4ᵉ corps, s'étant trop tôt avancée à travers les oliviers, fut assaillie par quinze mille Anglais ; mais se formant aussitôt en carré, elle les attaqua, les mit en déroute et leur fit une centaine de prisonniers, parmi lesquels un colonel, un lieutenant-colonel et un major. Tout le 4ᵉ et le 1ᵉʳ corps se portèrent alors en avant; la division Lapisse, du 1ᵉʳ corps, passa le ravin, attaqua le mamelon, l'escalada malgré la mitraille qui éclaircissait ses rangs à chaque pas ; mais fut bientôt repoussé après avoir perdu son général et un grand nombre d'officiers et de soldats.

Le mouvement rétrograde de la division Lapisse ayant mis à découvert la droite du 4ᵉ corps, l'ennemi s'avança sur ce point avec des forces considérables; mais il fut repoussé par les généraux Rey et Liger-Belair, qui, avec les 28ᵉ, 32ᵉ et 75ᵉ, le menèrent battant, et ce dernier régiment débouchait même sur les ouvrages du centre de l'armée alliée, lorsqu'il fut arrêté par une charge de cavalerie.

Le maréchal Victor, renonçant à s'emparer

du mamelon, après avoir rallié la division Lapisse, chercha dès-lors à le tourner. La division
Vilatte s'avançait dans le vallon; la division
Ruffin, à la droite de celle-ci, suivait le pied des
montagnes, et notre cavalerie soutenait ce mouvement, lorsque la cavalerie anglaise chargea les
masses françaises. Malgré une vive fusillade, le
23e régiment de dragons légers s'engagea entre
les deux divisions d'infanterie et tomba sur la
brigade du général Strolz, composée des 10e et
26e de chasseurs à cheval. Le 10e ouvrit ses
rangs, laissa passer le régiment ennemi, et s'é-
tant rallié, le chargea en queue, tandis que le
général Merlin le prenait en tête et de flanc. Cinq
hommes seulement parvinrent à s'échapper, et
le reste de ce régiment anglais fut pris ou tué.

Vers le centre de l'armée anglaise, les Français
avaient eu un succès plus décidé, et s'étaient
portés jusque sur le terrain occupé d'abord par
l'ennemi. Il ne fallait plus qu'un dernier effort
pour déboucher dans la plaine et combattre sur
un terrain égal ; la réserve, qui n'avait pas donné
encore, pouvait décider l'affaire ; mais la nuit,
qui arrivait, fit que le roi Joseph, trouvant
qu'il était trop tard, remit une nouvelle attaque au lendemain, et l'armée resta dans la
position où elle se trouvait.

Ainsi donc les deux partis, après avoir combattu opiniâtrément pendant toute la journée,
restèrent en possession de leur champ de bataille respectif, sans qu'aucun des deux conser-
vât sur l'autre des avantages assez considérables pour lui donner des droits à réclamer la
victoire.

D'après les rapports étrangers, il paraît que
l'ennemi s'attendait pour le lendemain à une
nouvelle attaque des Français, et que bien loin
de songer à reprendre l'offensive, il passa la
nuit à se fortifier dans sa position. Cependant
vers les onze heures du soir, par un motif qu'on
ne saurait expliquer, le maréchal Victor, sans
être ni attaqué, ni suivi, quitta sa position et se
retira sur l'Alberche, par Casa-Legas, en lon-
geant les montagnes. Le 4ᵉ corps se trouvant
par suite de ce mouvement extraordinaire sans
appui, et ayant son flanc droit à découvert,
fut obligé à un mouvement rétrograde, et au
milieu de la nuit se retira sur la réserve. La
retraite du maréchal Victor, qui se fit à ce qu'il
paraît à l'insu de Joseph, nécessita celle du
reste de l'armée, qui le 29 au matin se retira
en bon ordre sur la rive gauche de l'Alberche,
sans être suivi par l'ennemi. Le roi Joseph
ayant appris que Vénégas, après avoir rétabli

14

les ponts sur le Tage, à Aranjuez, s'approchait de Madrid par la rive droite et faisait attaquer Tolède par la rive gauche, marcha à lui avec le 4ᵉ corps et la réserve, laissant sur l'Alberche le 1ᵉʳ, suffisant pour observer l'ennemi, qui, d'après son inactivité, ne paraissait pas disposé à reprendre l'offensive.

La perte des Français, dans les journées des 26, 27 et 28, fut de près de neuf mille tués ou blessés, et de huit pièces de canon qui ne purent être amenés, les chevaux ayant été tués dans les oliviers (1). Celle des anglo-espagnols, dans les mêmes journées, s'éleva à dix mille hommes, dont cinq mille trois cents Anglais; les généraux Makensie et Langworth y furent tués.

Sir Arthur Wellesley, au lieu de poursuivre les Français sur l'Alberche, garda sa position de Talaveyra jusqu'au 2 août suivant, sans faire un pas de plus en avant. Ce fut alors qu'il apprit que le maréchal Soult, qui n'avait reçu que le 27 l'ordre de marcher sur les derrières des anglo-espagnols, s'avançait sur le Tage, et

(1) Sir Arthur Wellesley dit dans son rapport que les Français perdirent vingt pièces d'artillerie, dont la moitié leur fut prise de vive force; cependant il savait très-bien que huit pièces seulement furent abandonnées par eux, et qu'aucune ne leur fut enlevée.

déjà avait coupé sa retraite sur le pont d'Almaraz. Le général anglais n'avait pas un instant
à perdre pour sortir de l'imminent danger où
son imprévoyance l'avait jeté ; il abandonne en
conséquence à Talaveyra cinq mille blessés qu'il
recommande à la générosité française, et laissant les Espagnols pour soutenir sa retraite,
il se retire le 3 août, en toute hâte, vers le
pont de l'Arzobispo, seul point de passage
qui restât encore libre sur le Tage, et le 4 il
passe sur la rive gauche de ce fleuve. Les Espagnols suivirent le mouvement rétrograde
des Anglais, mais ils furent moins heureux que
leurs alliés, car ayant été attaqués à Arzobispo
par le maréchal Mortier, lorsque encore ils
n'avaient pu passer le Tage, ils furent taillés
en pièces et laissèrent au pouvoir des Français,
tous leurs bagages et trente bouches à feu.

Tel est le récit exact des opérations qui pré-
cédèrent et suivirent la bataille de Talaveyra,
journée que, dans le tems, les journaux anglais
ministériels ont fait sonner si haut, désireux
qu'ils étaient d'attirer les regards de l'Europe
sur les armées anglaises en Espagne, et de
commencer la réputation d'un général frère
d'un ministre (le marquis de Wellesley). Cependant cette soi-disant victoire n'était réelle-

ment, comme nous venons de le voir, qu'une
défaite, puisque le général anglais, sorti de
Portugal dans le dessein de se réunir aux armées espagnoles et de s'emparer alors de Madrid fut contraint de fuir précipitamment sans
avoir pu faire sa jonction avec Vénégas, sans
avoir vu la capitale de l'Espagne autrement
qu'en perspective, et qu'il perdit une partie de
son artillerie, ses bagages et tous ses hôpitaux.

S'il ne fut point enfoncé à Talaveyra, il ne
le dut qu'aux mauvaises dispositions du maréchal Victor, qui, au lieu d'attaquer de suite la
gauche des Anglais avec de grandes masses,
morcela ses troupes par petits paquets, et les
fit écraser sans résultat au tour du mamelon le
27 et 28. Sir Arthur Wellesley a prétendu qu'il
ne poursuivit pas les Français sur l'Alberche,
où ceux-ci restèrent plusieurs jours en position,
parce que *la junte espagnole ne lui fournit pas
des moyens de transport suffisans*. Ce motif,
passablement bizarre, le paraîtra encore davantage lorsqu'on saura qu'il n'y a pas tout-à-
fait une lieue de Talaveyra à cette rivière.

Disons donc, d'accord avec les faits, que le
général anglais échoua complètement dans
son entreprise, et qu'il fut encore plus heureux
que sage. Qu'aurait-ce donc été, si l'armée

française eût attendue pour livrer bataille l'arrivée du maréchal Soult ?

Le 28 juillet 1813. SECOND COMBAT DE SARAUSEN.

Le maréchal Soult, toujours dans le dessein de secourir Pampelune, continue le 28 juillet les attaques qu'il avait faites les 25 et 27 sur l'armée anglo-espagnole. Les deux partis se battent avec acharnement, principalement en avant du village de Sarausen, mais ne peuvent gagner du terrain et restent dans les mêmes positions, lorsque la nuit les force à cesser le combat.

Espagne.

Le 29 juillet 1796 (11 *thermidor an* 4). PREMIERS COMBATS DE LA CORONA, SALO ET BRESCIA.

Pendant que le général Bonaparte assiégeait Mantoue, le général autrichien Wurmser ayant reçu des renforts, voulut essayer de débloquer cette place, et, dans ce dessein, il attaqua le 29 juillet les divisions Massena et Soret. Elles furent repoussées. L'ennemi s'empara des postes de la Corona, de Salo et de Brescia, et força l'armée française d'évacuer Vérone.

Armée d'Italie.

Le 29 *juillet* 1809. DÉBARQUEMENT DES AN-
GLAIS DANS L'ÎLE DE WALCHREN, ET PRISE
DE MIDDELBOURG.

Hollande.

La bataille de Wagram (6 juillet), avait
amené l'armistice conclu le 11 entre les armées françaises et autrichiennes. Aussitôt que
les Anglais en eurent connaissance, ils se hâtèrent d'envoyer sur les côtes de la Hollande une
expédition qu'ils préparaient depuis long-tems.
Le 29 juillet elle parut devant l'île de Walchren. Les troupes anglaises n'ayant trouvé
que peu de forces qui s'opposassent à leur projet, débarquèrent aussitôt et s'emparèrent de
la ville de Middelbourg.

Le 30 *juillet* 1795 (12 *thermidor an* 3). COM-
BAT D'OLLAREGUY.

Armée des
Pyrénées
occidentales.

Pendant que deux divisions de l'armée des
Pyrénées occidentales s'emparaient de Bilbao et de Vittoria (19 juillet), une troisième
division, aux ordres du général Digonnet, attaquait les Espagnols au col d'Ollareguy et les
chassait de cette position.

Le 30 *juillet* 1795 (12 *thermidor an* 3). COM-
BAT DE ROCCA-BARBENA ET D'ISSANDO.

Le général Laharpe, voulant s'assurer si les
austro-sardes faisaient au Campo di Pietri des
travaux capables de donner de l'inquiétude,
fait le 30 juillet une forte reconnaissance sur
ce point, et s'avance jusqu'à Rocca-Barbena.
L'ennemi l'assaillit avec des forces considérables ; mais les Français, malgré leur petit nombre, résistent avec courage et parviennent à
repousser les assaillans.

Pendant qu'on se battait à la droite de l'armée d'Italie, la gauche était aussi aux mains.
Un corps de Piémontais ayant attaqué les
Français dans leur camp d'Issando, les contrai-
gnit à l'évacuer ; mais ceux-ci ayant attaqué
à leur tour le lendemain, reprirent le poste
qu'ils avaient perdu la veille.

Le 30 *juillet* 1796 (12 *thermidor an* 4). LE-
VÉE DU SIÉGE DE MANTOUE.

Après le passage du Mincio (30 mai), et
la retraite des Autrichiens dans le Tirol, le
général Bonaparte avait fait bloquer par le
général Serrurier la place de Mantoue, que
défendaient treize mille hommes et trois cents
bouches à feu. Pendant que le général français

Armée
d'Italie.

Armée
d'Italie.

assurait ses conquêtes de l'intérieur de l'Italie et traitait avec les divers princes de ce pays, il envoya devant Mantoue toute l'artillerie qu'il put rassembler dans les places conquises, afin d'en commencer le siége. Jusqu'au 16 juillet, les assiégés firent plusieurs tentatives pour détruire les ouvrages que construisaient les Français; toutes furent infructueuses. Le 17, le général Bonaparte étant arrivé devant la place, fit faire une vive attaque par le lac, mais les eaux étant trop basses, les bateaux ne purent avancer. Le 18, pendant que le chef de brigade Chasseloup (1) ouvrait la tranchée, et que les batteries incendiaient plusieurs quartiers de la ville, les généraux Dallemagne, Murat, l'adjudant-général Vignolles (2) et le chef de bataillon d'artillerie Andréossy (3) chassaient un corps autrichien qui défendait le camp de Migliaretto et le forçait à se réfugier dans la place. Le même jour, le général Bonaparte fit sommer le gouverneur, qui refusa de se rendre. De nouvelles batteries furent alors élevées pour battre les ouvrages extérieurs, et

(1) Aujourd'hui lieutenant–général et pair de France.
(2) Aujourd'hui lieutenant-général et préfet de la Corse.
(3) Aujourd'hui lieutenant – général , ex – ambassadeur à Londres, à Vienne et à Constantinople.

leur succès paraissait devoir amener bientôt la
reddition de la place, lorsque le général français apprit qu'une nouvelle armée autrichienne,
commandée par Wurmser, successeur de Beaulieu, s'avançait du Tirol et avait attaqué nos
avant-postes à Salo, la Corona et Brescia (29
juillet). Il prit aussitôt la résolution de lever
le siége de Mantoue, de réunir son armée et
de marcher à l'ennemi.

Le 3o *juillet* 18ı3. TROISIÈME COMBAT DE SA-
RAUSEN.

Malgré les succès remportés par le maréchal Soult les 25 et 27 juillet, ayant été attaqués le 3o par lord Wellington, qui avait réuni
toutes ses forces pour s'opposer au ravitaillement de Pampelune, les Français, en nombre
trop inférieur, furent contraints d'évacuer le
village de Sarauzen, et de se retirer derrière la
Bidassoa.

Espagne.

Le 3ı *juillet* ı796 (ı3 *thermidor an* 4). COM-
BAT DE LONADO ET REPRISE DE SALO.

A la nouvelle de l'attaque des Autrichiens
sur Salo et la Corona (29 juillet), le général
Bonaparte se porta de Mantoue sur le point
menacé. Le 3ı juillet, il ordonna à la division

Armée
d'Italie.

Soret de reprendre Salo et de délivrer le général Guieux qui, renfermé avec six cents
hommes dans une grande maison, s'y défendait courageusement depuis deux jours, quoiqu'il fût privé de vivres. Soret battit l'ennemi,
lui prit deux canons, deux drapeaux et délivra
le général Guieux. Dans le même tems le général Dallemagne marchait sur Lonado ; les
Autrichiens le préviennent et l'attaquent vigoureusement. Le combat, long-tems incer-
tain, se décide enfin par l'ardente valeur de la
32ᵉ demi-brigade ; l'ennemi est battu, et laisse
au pouvoir des Français six cents tués ou blessés, et autant de prisonniers.

Le 31 juillet 1812. COMBAT DE IAKUBOWO.

Grande
armée.
—
Russie.

Pendant que l'empereur Napoléon se portait sur Witepsk (27 juillet) avec le gros de
l'armée française, le maréchal Oudinot, commandant le 2ᵉ corps, marchait sur Polotzk, où
il entra le 26 juillet après avoir passé la Dwina.
Voulant alors se placer en communication avec
le maréchal Macdonald, il se mit en mouvement sur Sabej le 28. Le général russe Wittgenstein s'opposa à sa marche, et le 30 attaqua
l'avant-garde française au moment où elle débouchait du château de Iakubowo. La division

Legrand et la brigade du général Maison (1)
continrent l'ennemi et gardèrent la position.

Le lendemain, 31 juillet, le général russe
ayant reçu de nombreux renforts, attaqua de
nouveau les Français. Vers les deux heures
après midi, nos troupes avancées furent rame-
nées sur le château de Iakubowo. A trois heures, le 26ᵉ léger et le 56ᵉ de la division Legrand
repoussèrent l'attaque d'une division russe. Le
général Wittgenstein fit alors attaquer le 2ᵉ
corps avec toutes ses forces réuñies. Le choc
fut terrible ; pendant plusieurs heures on se
battit de part et d'autre avec acharnement,
mais enfin le maréchal Oudinot ne voulant pas
s'exposer, en cas de revers, à combattre dans
un défilé qu'il avait derrière lui, se décida à se
retirer derrière la Drissa pour y prendre position. Les hauteurs furent successivement
évacuées, et l'armée française repassa le défilé
en bon ordre.

Ce combat de Iakubowo n'était que le prélude d'un engagement plus sérieux qui eut lieu
le lendemain, 1ᵉʳ août, entre les deux armées
ennemies.

(1) Aujourd'hui lieutenant-général, pair et gouverneur de
la 8ᵉ division militaire (Marseille).

FIN DES ÉPHÉMÉRIDES DU MOIS DE JUILLET. .

ERRATA DU MOIS DE JUIN.

Page 17, ligne 21, ce premier, *lisez*, ce prince.

Page 31, ligne 22, évacuation, *mettez*, siége et.

Page 54, ligne 9, d'Alboro, *lisez*, d'Albaro.

Page 59, ligne 16, le général Despérières, *lisez* le colonel.

Page 72, ligne 16, 12 juin 1812, *lisez*, 1813.

Page 75, *ajoutez*, ligne 23, 22ᵉ demi-brigade légère; ligne 25, 5ᵉ dragons; ligne 26, 22ᵉ de chasseurs; et avant-dernière ligne, *au lieu de* 23,000, *lisez* 26,000.

Page 78, ligne 14, les généraux Lannes et Marmont, *lisez*, le général Lannes et le colonel Marmont.

Page 179, dernière ligne; page 180, ligne 10; page 182, ligne 22, et page 183, dernière ligne, la Bidone, *lisez*, la Tidone.

Page 195, dernière ligne, lieutenant-général, *lisez*, maréchal-de-camp.

Page 121, ligne 22, après Jourdan *mettez* une virgule, et ligne 23, après artillerie, *supprimez* la virgule.

Page 226, avant-dernière ligue, ratifier, *lisez*, rectifier.

Page 229, ligne 3, le général, *lisez*, la division du général.

Page 237, ligne 4, après le maire, *ajoutez*, Baco.

TABLE DES MATIÈRES

DU MOIS DE JUILLET.

FIN DE LA TABLE DES MATIÈRES.

TABLE ALPHABÉTIQUE

DES NOMS FRANÇAIS ET ÉTRANGERS

CONTENUS DANS CE VOLUME (1).

———

(1) L'astérisque désigne les noms étrangers.

15

Histoire de la Convention nationale de France, accompagnée d'un Coup-d'œil sur les Assemblées constituante et législative, et de Notices historiques sur les personnages les plus remarquables qui ont figuré à cette époque de la révolution française. Par R. J. Durdent, auteur de *l'Histoire de Louis XVI*. Deux vol. in-12. Prix. . . . . 5 fr.

Histoire de l'Ambassade dans le grand-duché de Varsovie en 1812; par M. de Pradt, archevêque de Malines, alors ambassadeur à Varsovie. Huitième édition, revue et corrigée. Prix. . . . . 4 fr. 50 c.

Histoire de Louis XVI, roi de France et de Navarre. Dédiée aux jeunes Français. Par R. J. Durdent. Un vol. in-8º, avec un *fac simile*. Prix . . . . 6 fr.

Jeanne d'Arc, ou Coup-d'œil sur les révolutions de France, au tems de Charles VI et de Charles VII, et sur-tout de la pucelle d'Orléans; par M. Berriat-Saint-Prix. Avec un itinéraire exact des expéditions de Jeanne d'Arc, son portrait, deux cartes du théâtre de la guerre, plusieurs pièces justificatives, et des documens inédits qui jettent un grand jour sur l'histoire de cette célèbre héroïne. Un vol. in-8º. Prix ,6 fr.

Le Guide des Epoux et des Epouses, ou des Moyens d'être heureux en mariage dans toutes les classes de la société; où l'on indique les causes qui produisent les mauvaises unions, amènent et entretiennent la discorde, le trouble et le désordre dans les ménages; où l'on présente en même tems les moyens de bien assortir les époux et les épouses; de les rendre fidèles; de les préserver et guérir de la jalousie, etc., et de les faire jouir de la paix et du bonheur dans le mariage. Ouvrage utile, non-seulement aux personnes nouvellement et anciennement mariées, mais encore aux veufs, veuves, et à tous les jeunes gens d'âge à contracter le mariage. Par M. Léopold, ancien avocat. Un vol. in-12. Prix. 1 fr. 50 c.

Mémoires Secrets et Correspondance inédite du cardinal Dubois, premier Ministre sous la régence du duc d'Orléans, recueillis, mis en ordre, et augmentés d'un précis de la paix d'Utrecht, et de diverses notices historiques, par M. L. de Sevelinges. Deux vol. in-8º, papier fin. . . . . . . 12 fr.
Papier vélin. . . . . 20 fr

Œuvres complètes de J. La Fontaine; précédées d'une nouvelle notice sur sa vie, avec les notes les plus remarquables des commentateurs, et quelques observations nouvelles Edition plus complète que toutes celles qui ont paru jusqu'à ce jour. Deux volumes in-8º, ornés de gravures, d'un portrait de La Fontaine, d'un *fac simile* de son écriture, et d'une vignette représentant la maison du célèbre fabuliste, à Château-Thierry, telle qu'elle existait encore en 1814. Prix, papier fin. 15 fr.
Papier vélin . . . . 30 fr.